Ta eis he'auton

马可·奥勒留《沉思录》

精神的堡垒

[日] 荻野弘之 著
周翔 译

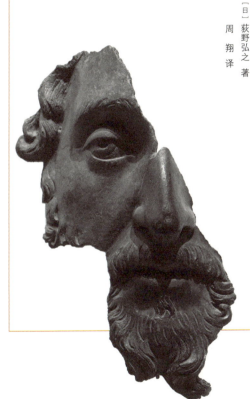

Simplified Chinese Copyright © 2021 by SDX Joint Publishing Company.
All Rights Reserved.
本作品简体中文版权由生活·读书·新知三联书店所有。
未经许可，不得翻印。

MARUKUSU AURERIUSU, *JISEIROKU*: SEISHIN NO JOSAI
by Hiroyuki Ogino
© 2009 by Hiroyuki Ogino
Originally published in 2009 by Iwanami Shoten, Publishers, Tokyo.
This simplified Chinese edition published 2021
by SDX Joint Publishing Co., Ltd., Beijing
by arrangement with Iwanami Shoten, Publishers, Tokyo

**图书在版编目（CIP）数据**

马可·奥勒留《沉思录》：精神的堡垒／（日）荻野弘之著；周翔译．—北京：生活·读书·新知三联书店，2021.9
（古典新读）
ISBN 978-7-108-07204-7

Ⅰ．①马⋯　Ⅱ．①荻⋯　②周⋯　Ⅲ．①斯多葛派－哲学理论　②《沉思录》－研究　Ⅳ．①B502.43

中国版本图书馆 CIP 数据核字（2021）第 143493 号

| | |
|---|---|
| 责任编辑 | 吴思博 |
| 装帧设计 | 薛　宇 |
| 责任印制 | 徐　方 |
| 出版发行 | 生活·讀書·新知 三联书店 |
| | （北京市东城区美术馆东街 22 号 100010） |
| 网　　址 | www.sdxjpc.com |
| 图　　字 | 01-2018-4872 |
| 经　　销 | 新华书店 |
| 印　　刷 | 河北鹏润印刷有限公司 |
| 版　　次 | 2021 年 9 月北京第 1 版 |
| | 2021 年 9 月北京第 1 次印刷 |
| 开　　本 | 850 毫米 × 1168 毫米　1/32　印张 6.75 |
| 字　　数 | 139 千字 |
| 印　　数 | 0,001－5,000 册 |
| 定　　价 | 49.00 元 |

（印装查询：01064002715；邮购查询：01084010542）

马可·奥勒留骑马像,卡比托利欧广场,罗马

# 目 录

序　言　/1

**第一部**
**书籍的旅行——成书之谜**

第1章　有生命力的斯多亚主义　/9
第2章　马可·奥勒留的一生与其时代　/16
第3章　爱比克泰德的思想：罗马时代的斯多亚哲学　/26
第4章　斯多亚派的影响及接受史：赞赏、共鸣、批判　/49
第5章　关于《沉思录》（一）：成书之谜、抄本传承与翻译的历史　/66
第6章　关于《沉思录》（二）：为谁而作？为何而作？　/75
第7章　皇帝的圣像，我们看到的马可·奥勒留像　/90

**第二部**
**畅游于作品的世界——自我对话的文本空间**

第1章 《沉思录》的文体及思想：自我对话的文本空间 /103

第2章 苦恼的灵魂与灵魂的救赎：《沉思录》的宗教性 /129

第3章 哲学理念：观照与实践，规则的变奏 /141

第4章 精神的培育：想象力的绽放与书写的意义 /152

第5章 如何阅读充满谜团的第1卷：美德的博物馆、回想录与自传 /167

结语 未来的《沉思录》 /184

后　记 /189

参考文献 /194

附录：马可·奥勒留相关事件年谱 /210

# 序　言

"为一切人，又不为任何人所作的书。"（Ein Buch für alle und keinen）

无论把这句话看作深奥的哲学阐释，还是简单的小孩的恶作剧，抑或是《麦克白》中出现的魔女咒语，毫无疑问，作为《查拉图斯特拉如是说》的"副标题"，这句话都是非常有名的警句。尼采在明确提出他的永恒回归的构想之际，面对由多重寓意与荒诞交织而成的祭祀空间，写下了富于智慧的悖论式碑文。著名译者氷上英广（岩波文库）稍作演绎，将其译为"谁都能读懂，又没有任何人能读懂的书"。但这句话的真意是否在于此呢，似乎还有很多其他的解释方式。

尼采原本采用了一种极尽晦涩和充满反讽的表达方式，然而他依然在迎来现代的终结、来到超越现实的境地之后，苦苦期待"读者"。这好比那些领先时代、不为世间所认同的艺术家，一边保持着孤高，一边"等待着千年之后的知己"。或者说，所谓"正确的阅读，即如何缓慢地、深入地、瞻前顾后地、批判地、开放地、明察秋毫地和体贴入微地进行阅读"，书籍只"需要完美的

读者与文献学者"。（尼采，《曙光》，序言）[1]

本书的研究对象罗马皇帝马可·奥勒留的《沉思录》正是一本"为一切人，又不为任何人所作的书"。但这句话用在此处的意思与尼采的情况并不一致，毋宁说这本书"并不是为了所有人而写的书，尽管如此，或者正因如此，这本书才可以被一切人阅读"。

实际上《沉思录》是一本简单又难解的书。其文库本正文只有240页左右，是可以轻松读完的厚度，并不是什么鸿篇巨制。随意翻看的同时摘取自己喜欢的章句，在这一过程中任何读者都一定能够找到涤荡内心、触动灵魂的名句或令人印象深刻的比喻。对于这种充满忧愁的文风的好恶也许因人而异，但对于字里行间不时显现的作者的真诚人们都会深深动容。这本书不需要从头到尾逐篇通读，在上下班的公交车上读、躺在床上读都可以。有兴致的时候拿起书来，大段大段地读，会暂时沉浸在阅读之中。反省自己的生活方式、闭上眼睛漫无目的地思考前世与来生，到站下车时把书合上收进包里——这样就足矣。即便你的理解与作者的本意稍有出入，只要能够从书中找到心灵的慰藉、自我激励的语句，或者说将其作为一种可消费的信息，不是漫不经心地左耳进右耳出，而是反复咀嚼留在心里的语句，这种阅读体验——同样也适用于《圣经》和佛教典籍的阅读——即所谓"创造性的误读"难道不正是一种最宝贵的体验吗？

另外，不是为特定的读者写的《沉思录》，其成书过程、作者的意图、文本的传播途径等，直到今天仍然充满谜团。确实这

---

[1] 参考田立年译《曙光》，漓江出版社，2000年。——译者注

本书并不是通常那种预想好读者的"著作",而是类似"日记"或者"札记"的东西。

马可·奥勒留的一生,尽管其本人对此进行了否认(《沉思录》,9–29)[1],一直以来都被认为可比拟柏拉图构想(《理想国》,473D;《第七书简》,326B)的那种理想的执政者、哲人君主(《罗马帝王纪》,1-27-7)。但同样在著述方面,他并不像屋大维那样将自己桩桩件件的辉煌业绩逐一进行口述记录,也没有隐退政治家的惯用套路,即撰写公开往日秘闻、辩白政策正当性之类的"回忆录"。在某种意义上,他只有在"写下的文字,只是为了真正的自我准备的札记罢了"(《费多篇》,276D)这一点上,才是柏拉图理念的继承者。

假如《沉思录》是"札记"的话,那么它是已经完成的著作的提要,还是相反,是为完成一部大作而打的草稿呢?这样看的话,想要从文本来正确把握本书作者本来的意图或思想,比一般的著作要困难得多。对帕斯卡《思想录》[2]的研究,需要从各篇未完成的断章以及上下文关系来进行推测,堪比要对伟大的《基督教教义》[3]的构想进行精密的文献学考证。《沉思录》一般被看作晚期斯多亚派的代表作,即便这是不可动摇的事实,但如果仔细审视,便无法对其与正统斯多亚主义的微妙偏离,以及与其他学派间的影响关系视而不见。想要对其思想印记进行精确的追踪绝对不是简单的事情。在我国,与其在通俗读物界的流行相比,

---

[1] 本书中的《沉思录》中文翻译以岩波文库版《沉思录》(神谷美惠子译)为底本,部分参考李娟、杨志的汉译本(上海三联书店,2008年)。——译者注
[2] 帕斯卡,17世纪法国数学家、物理学家、哲学家,《思想录》是其未完成的遗著。——译者注
[3] 指17世纪德国哲学家、数学家莱布尼茨的著作《神正论》。——译者注

或许是由于被其通俗易懂的表象所遮掩，将其作为学术性研究对象的机会则很少。随着欧美斯多亚哲学研究的发展，终于出现了开拓的突破口，但这也不过是近二十年来的事情。

从《沉思录》的成书经过看，虽然连日期都没写，但事实上它具有一种近似日记的特征。但它究竟是哪一种日记呢？古今中外有各种各样的"日记"，比如以纪贯之《土佐日记》为代表、流行于平安时代的各种日记文学，从藤原定家《明月记》到永井荷风《断肠亭日乘》这样的文学者观察记录，还有存在主义哲学的代表作、马赛尔的《存在与不朽》，以及描述了二战中犹太少女悲剧的《安妮日记》等。其中也包括假借日记体裁（也可以是暗自预想好读者）虚构的日记。

但是《沉思录》原本想要以谁为读者呢？频繁出现的"你"这一第二人称代词，是在对谁讲话呢？这看起来是作者的自问自答，但是细读就会发现，有若干处表达均压抑了自我的内心真实情感，这有可能是希望给特定读者看的章节。

近些年，在网络空间中迅速扩张的博客也基本上采用了"日记"的形式。但是这种"日记"，恐怕不只是为给自己作备忘用，也并非以"交换日记"这种青春期特有的亲密交友方式中培养出来的"分享秘密"为目的。公开私生活的表层，尤其是兴趣爱好的领域，将其展示给非特定的大量访问者，由此不仅可以促进本已相识的人之间的交流，也有可能认识具有相同兴趣的未知读者。由此，（博客）也可以被看成日本文学主流文体"私小说"通过信息技术得到重塑的通俗形态吧。在成长过程中置身于互联网环境、对博客文化习以为常的"近未来"读者，他们会怎样阅读《沉思录》呢？

作为"书籍的诞生"丛书中的一册，本书是对《沉思录》进行整体性解读的"关于书籍的书"，但并非对原文进行逐字逐句解说的注释书，也并非对马可·奥勒留的思想进行全面概述的导读书，更非一边引用马可·奥勒留原话一边进行自我启迪剖析的人生指南。虽然本书含有上述要素，但其特色在于：参考欧美最新的研究成果，结合对作者及著作背景进行的考察，侧重对《沉思录》这一独特的著作是如何成书，如何被阅读，应该以何种方式阅读等书籍发展史和影响史等内容进行梳理。

在了解以上内容的基础上，下面我们介绍一下本书的正文结构。实际上，在《沉思录》看上去只是驳杂无序的内容堆积而成的文本内部，存在一种斯多亚伦理学规则的变奏曲，它在一点一点的变调过程中重复和展开。而对于斯多亚哲学，本书也并不像传统观点那样，将其看作单纯的说教和理论的总和，而是将其作为一种复合性原则的应用，尝试从这一角度来理解它（第二部）。由此，对于一直以来被看作平淡的人生哲理而在讲坛哲学中饱受冷落的罗马斯多亚主义，将着重挖掘其精彩而有生命力的部分。毋宁将《沉思录》当作巴赫的《哥德堡变奏曲》来理解——这是笔者暗自期待能够达成的目标。这番理解是否切中肯綮，期待有识者的评价。

本文将要详细论述的是，古罗马时代末期到中世纪初期，阅读行为、著述行为并不是单纯的信息交换途径。这些行为具有被称为"神操"(spiritual exercise)的独特精神内涵,对中世纪的基督教修道院文化产生了很大影响。对于《沉思录》的阅读也让我们重新思考阅读行为所具有的意义。随着信息通信技术的飞跃式发展,古登堡以来的印刷文化现在面临巨大的转折。但是"阅读"并不仅是为了获取信息,也是在拓展自己的人性维度吧。读书究竟对我们的人生具有什么样的意义呢?

本书可以单独阅读,如果可能的话,以本书为线索重新阅读《沉思录》的译本就再好不过了。将两本书摆在一起,边参考边读应该会更容易理解。对于原文的引用,括号内的数字表示《沉思录》的卷号与节号。译文采用的是最普及的神谷美惠子的译本[1](岩波文库),同时也参考了其他译本以及最新研究成果进行了些许改动。

---

[1] 神谷译《沉思录》日文写法为"自省録",这也是目前市面上几种主流日文译本采用的名字,但也有少数日文译本采用了"冥想録"或"瞑想録"的写法。为了便于中国读者阅读,此后对几种日文译本均称"沉思录",不在写法上进行区分。特此说明。——编者注

第一部

书籍的旅行——成书之谜

# 第 1 章 | 有生命力的斯多亚主义

罗马皇帝马可·奥勒留·安东尼·奥古斯都[1]（公元121—180年，皇帝在位时期为公元161—180年）生活在公元2世纪后半叶，即罗马帝国由盛转衰的转换期。自暴君图密善被暗杀，涅尔瓦即位（公元96年）以来，由于建立了养子继承制度，罗马帝国相继出现了图拉真、哈德良、安东尼努斯·庇护等兼具政治实力和远见卓识的明君，帝国迎来了徜徉着和平与繁荣之歌的"黄金时代"（saeculum aureum）。在图拉真大帝时代罗马帝国达到了版图的最大化，东起幼发拉底河，南北分别向巴勒斯坦和黑海南岸两个方向延伸，南至埃及、利比亚、突尼斯、直布罗陀海峡一线，西及不列颠岛南部（今英格兰），北抵莱茵河西岸至多瑙河南岸的达西亚（今罗马尼亚）。地中海成为完全的"内海"，经济文化交流取得很大进展，帝国达到繁荣昌盛的顶峰。但是马可·奥勒留生于这一被称为"人类生活最幸福繁荣"（爱德华·吉本，《罗马帝国衰亡史》）的"五贤帝"时代的末尾，他的时代里水灾和传染病接连不断地发生，同时由于帝国边境的蛮族活动也蠢蠢欲动，罗马和平（Pax Romana）逐步被侵蚀，这也是衰亡期的开始。

---

[1] 本书人名、地名译法主要参考黄宣思、黄雨石译爱德华·吉本《罗马帝国衰亡史》，商务印书馆，2017年。——译者注

与历代罗马皇帝相比，马可·奥勒留的特殊之处并不在于他在政治史上的特殊地位。从统治能力与业绩看，屋大维、忒拜利乌斯、图拉真、哈德良，以及其后的君士坦丁大帝等，都是相当耀眼的巨星。而奥勒留帝则仅凭《沉思录》这一册小书留下了哲学家、文学家的名声。他被公认为哲人皇帝，也是继塞涅卡（约公元前4—公元65年）、穆索尼乌斯·卢福斯（约公元30—101年）、爱比克泰德（约公元50—约138年）、阿里安（约公元95—180年）之后，形成于初期帝政罗马时代的斯多亚学派的最后一代哲学家。

据说他受到当时一流的学者、家庭教师等人的影响，自少年时代起就倾心于哲学。他虽然出生于富裕的名门家庭，但在刚成年的一两年里，白天只穿一件朴素的外衣，夜晚就直接睡在硬邦邦的地上，践行这种斯多亚式的生活［参考爱比克泰德《语录》(*Diatribai*)，3-22；尤利乌斯·卡庇托利努斯《哲学家马可·奥勒留的生涯》(D. Magie ed., *The Scriptores Historiae Augustae*, Loeb Classical Library, 1921)，日译本参见南川高志译《罗马帝王纪》，1-2］。但是国事多难，已不允许他过理想中的耽溺于读书与冥想的生活了。即位后，他接连不断地遭遇亲生子夭亡这样的人伦悲剧，并且他一方面要管教同为共治帝的平庸的义弟，另一方面也要在元老院和民众舆论间进行协调，为国事而奔走。

即便如此，与乐于征战的图拉真帝那种朴素的尚武气质相比，对具有完全不同性格的马可·奥勒留来说荣华的宫廷生活不过是充满谄媚与算计的丑恶世界罢了（《沉思录》，2-1，11-14）。

但如果像卡利古拉或尼禄那样，完全无视对他们失德的指责，依然搁置公事一味沉溺于个人的文学艺术兴趣之中，则过于自私。序言中已经提及，他是少有的能够将哲学与政治统一于同一人格之中的实例，在当时他便已被誉为现实版的柏拉图"哲人王"（参考《哲学家马可·奥勒留的生涯》，27）。但是这两者之间的关系，并非从绝对确实的原理（哲学）到具体化的政策（政治）的自然而然的演绎。用他自己的比喻来说，就是"侍奉的场所"（继母）与"休憩的场所"（生母）之间保持着微妙均衡的互补性戏剧舞台（6–12）。

奥勒留帝当然不是职业学者，也不是具有独创性、体系性的思想家。但他与通常的著述家、文学家也不同。由此他在哲学家的行列中也占有特殊位置。当罗马军队驻扎在寒风凛冽的荒凉的多瑙河畔时，他一边进行前线的国防部署，一边在繁忙政务之余笔耕不辍，完成了一部简短的私人札记《沉思录》，并借此在哲学史上留下了不朽的名声。"在非常有限的时间里，无论是你还是别人都会死去，不久之后连你们的名字也会被遗忘。"（4–6）他对人生的清醒觉悟却颇讽刺地违背了事实，后来这本书不仅对学者，也对不同时代的无数读者给予了慰藉与鼓励。从这个意义上说，马可的一生是将爱比克泰德为代表的罗马斯多亚主义从不实用的理念发展为能够活用在实际中的思想标本。"他的一生是对（斯多亚派的鼻祖）芝诺学说的最佳注解。"（吉本，《罗马帝国衰亡史》）解放的奴隶与皇帝——或者说在罗马社会晚期的开端与末期这两个完全对立的立场上，共享着同一思想。这一仿佛在嘲笑现代意识形态的悖论，正是斯多亚主义的核心。

但是活用斯多亚哲学具有什么意义呢？众所周知，伊壁鸠鲁派以及怀疑主义等希腊化时代的代表性学派，都被归结为"生存的技巧"（ars vivendi），具有强烈的实践性倾向。并且，它们不光是为了单纯的修身养性或增长常识的人生格言，而是构建出了以精密的自然科学与认识论为基础的独特体系，传统的学园（柏拉图）派或逍遥（亚里士多德）派在相互颉颃的同时又对彼此产生复杂的影响，开拓了古代地中海世界思想上的可能性。20世纪80年代以来，英美的希腊化时代研究取得显著进展，将公元16—18世纪的哲学史上希腊罗马精神的复苏，以及19世纪以后的衰退也纳入研究视野中，以期更全面地展现思想史的样貌。

但是对斯多亚派的"研究"绝不应该只停留在斯多亚派的实践方式上，好比现代意义上的圣经文献学研究者未必只有基督教徒。斯多亚派研究的旗手之一安东尼·朗（Anthony Long）认为，斯多亚派"试图建立能够说明人的本性是如何适应整个世界的学说，从这一点上说，它是各学派中最具野心的"，其过激性是"高贵的谬误"。安东尼·朗三十多年来将斯多亚派作为研究对象，为其倾注全部热情，但他依然自称"我并非斯多亚主义者"（Anthony Long, *Stoic Studies*, p. xi）。他这一态度，基本上是现在海内外研究者共通的立场。

我国与英美相比则是希腊精神"研究"的后进国，但此处情况也并未有太多不同。但是，在斯多亚哲学引进到日本的过程中，对其实践性的关注热情似乎大大超越了冷静的学术研究。

　　《沉思录》的译者神谷美惠子（1914—1979年）即是一例。她作为精神科医生、随笔作家广为人知，曾在宾夕法尼亚州布尔茅尔学院学习希腊文学。历任津田塾、神户女学院教授，但她并非古代哲学的专门研究者。22岁时由于肺结核的复发在轻井泽养病，在病床上自学希腊语。"在死之前想要尽可能多地阅读人类撰写的伟大书籍——出于这一近乎违背常理的愿望"，在了解《圣经·新约》、柏拉图、荷马的过程中，她通读了《沉思录》原文。第二次世界大战后不久她自美国归国，结婚后，在吴茂一（1897—1977年）的劝说下开始着手翻译。她当时35岁，丈夫正单独一人在大阪大学执教，而她要一边照顾刚出生不久的两个男孩，一边进行翻译工作（译本在创元社于1949年第一次出版，1956年"岩波文库"再版）。虽然有关斯多亚派的术语有些问题，但她的整部译文简洁雄劲、回味悠长，有不少堪称名译。即便在有了铃木照雄译本（"讲谈社学术文库"，讲谈社，2006年）、水地宗明译本（"西洋古典"，京都大学学术出版社，1998年）等哲学研究者的新译本的今天，其译文的独特魅力依然没有褪色。遭遇"一本小书"的她这样回顾道：

　　本书是皇帝对自己的自言自语，但不可思议的是，这些话似乎让我感觉也是对我说的。曾经深陷烦恼的困境中时，感受到的一种可以称作"变革体验"的东西，其意义在这本书中才清晰地呈现出来（引自《沉思录》，11-16、9-32，中略）。由此我才意识到，以前我总在思考自己如何看待自己的身外之物，并认为对这种"看待方式"进行探讨是很重要的。从此以后，以往总是待在阴暗角落的我变得开朗了，别人都说我更愿意与人交往了。

并且，马可·奥勒留甚至还说到无论过去还是未来都不应该被当作问题，只要专注于活在当下就好。这与三谷隆正老师教我的东西一致，让我从现实只是"泪水的山谷"这样的思维方式中解放出来，教会我"生存的重要性"。此外，我从这本书中学到的东西多到无法尽述，因此战后怀着报恩的心情翻译了这本书，并由岩波书店出版。

——《遍历》，美铃书房，pp. 89-91

对神谷来说，学习希腊语原本是因为她生长在推崇《圣经·新约》原文查经的无教会主义环境中。她的精神交流范围包括叔父金泽常雄的《圣经》研究会，与一高[1]教授三谷隆正的书信往来，黑崎幸吉与冢本虎二的个人指导等。但是"从异端性的思考来看"，仅了解《新约》时代简洁化了的通用希腊语无法让她感到满足，乃至在病床上就被柏拉图和索福克勒斯等"古典希腊语的结构性美感所吸引"。在这一过程中，她依然保持着与基督教的微妙联系，但是已经接触到在比《新约》更古层之处的异质精神传统，经由梭伦（后述）渐渐对斯多亚伦理学产生共鸣、发现其思想体系的开放性。那么在神谷以麻风病疗养院——长岛爱生园的深刻感触为基础写成的《关于生存的价值》和《心灵之旅》（皆由美铃书房出版）等精致的随笔集中，字里行间都留

---

[1] 第一等学校，寄宿制大学预科。——译者注

有《沉思录》的影响，细心的读者应该不难发现这一点。"怀着报恩的心情翻译"的译者，无法确定今天还有多少，但是在养育儿女的时间空隙中完成翻译，已经远远超出了单纯的业余"爱好者"的范围。但来自其独特人生经历的影响，又让她对翻译的态度不同于文献学者冷静的眼光。这篇译文仿佛用榔头将一个一个的单词凿入我们的灵魂之中，这种感受与抄经等苦行（修行、修炼）体验所带来的感受几乎一样。

# 第 2 章 | 马可·奥勒留的一生与其时代

在讨论《沉思录》正文之前,首先要了解一下作者的生平事迹。奥勒留与爱比克泰德同为晚期斯多亚派哲学家,但与解放奴隶出身、以私塾教师为生的平民哲学家不同,作为皇帝,马可·奥勒留留下了相当丰富的生平史料。如果抛开《沉思录》第 1 卷看,后面的篇章虽然依然传达着他的个人思想,但几乎未涉及同时代的政治史和军事史。除此以外,偶有的发言或演说都被收录在洛布古典丛书(Loeb Classical Library)版《沉思录》的卷末(pp.346–381)。还有 1815 年在米兰发现的他与辩论家和拉丁文文法教师弗朗特的书信(原文为拉丁语)往来,我们从中可以看到他与同门师弟间的亲密交流(C. R. Haines ed., *The Correspondence of Marcus Cornelius Fronto*, 1920)。

关于他的生平,重要的古代史料有尤利乌斯·卡庇托利努斯的《罗马帝王纪》中的第 1 卷《哲学家马可·奥勒留的生涯》,以及历史学家卡西乌斯·狄奥的《罗马史》第 69—79 节。

近代有吉本的《罗马帝国衰亡史》,至今已成经典。当代人写的传记方面,以安东尼·R. 伯利(Anthony R. Birley)的作品

(Birley, *Marcus Aurelius: A Biography*, 1966, revised 1987)最为详细,并且传达了最新的观点。本书将会提到的事件年代,主要以安东尼·R.伯利的著作(Birley, pp. 44-45)为标准。

**出身名门贵族**

从政治史的角度考察马可的一生无疑是重要的,在此先进行简单概述。公元121年(哈德良帝在位第5年)4月26日,他出生于当时罗马的上流人士聚集地区西里欧山,幼名马可·安尼乌斯·韦鲁斯。母亲多米提亚·露西拉的娘家资产丰厚,但是她秉持敬神之念、好施之心,依然过着与有钱人身份不相配的朴素生活,为她一手带大的马可做出表率(《沉思录》,1-3)。马可家族为伊比利亚(现西班牙境内)行省出身的贵族,自曾祖父时代起就已任元老院议员,祖父安尼乌斯·韦鲁斯在公元126年前都是哈德良帝的近臣,曾三度担任执政官(《沉思录》开头,他回忆了从祖父那里学到清廉与温和)。叔父安尼乌斯·利伯也在128年成为执政官(族谱参考Birley, *Marcus Aurelius: A Biography*, pp. 232-248)。

## 哲学与帝王之学

奥勒留 3 岁时，曾任法务官的父亲（"从我所能记得的他的言行中，我学到了男子气概。"《沉思录》，1–2）亡故，随后按照当时的惯例，他由祖父抚养，并很罕见地在仅有 6 岁时就被授予骑士头衔。哈德良帝非常喜爱奥勒留，昵称他为"Verissimus"（意为最真诚的），并暗暗将其看作继承人。此后，他作为名门出身的才俊被寄予厚望。奥勒留 7 岁开始接受初等教育，但并未进入一般的学校，主要是通过家庭教师在家中自学（《沉思录》，1–4）。

奥勒留 14 岁行成人礼，15 岁生日后与卢齐乌斯·康茂德（成为储君后改名为卢齐乌斯·埃利乌斯·恺撒）的女儿法比亚订婚。弗朗特、亚历山大、希罗多德·阿提库斯、拉斯蒂克斯等当时的一流学者，用拉丁语与希腊语为其全面讲授辩论、法律、哲学（涉及斯多亚派、柏拉图派、逍遥派）等"帝王学"。在《沉思录》第 1 卷中，他深情回顾了 20 余名恩师，以及从他们那里学到的美德。这应该是当时最高水平的教育了。

## 安东尼努斯·庇护时代

公元 138 年元旦，卢齐乌斯·埃利乌斯·恺撒突然逝世，安东尼努斯（当时 52 岁，后被封"庇护"头衔，意为深切慈悲）

被拥立为继承人,并根据哈德良帝的意愿让马可成为其养子。7月,哈德良帝驾崩,安东尼努斯·庇护即位。他解除了马可与法比亚的婚约,让其与自己的女儿福斯丁娜(当时8岁)订婚(正式结婚在7年后,马可24岁)。马可被授予"恺撒"称号,在刚满18岁时即被指定为继任皇帝,移居到帕拉丁山的皇宫。此后一直在庇护帝身边积累执政经验,历任会计检察官、执政官等要职。但是从他的性格方面看,虽然担任很有荣耀的职务,但他并不享受这份差事,在致辩论教师弗朗特(书信往来时长约30年)的书信中,他吐露了对哲学强烈的向往。

## 家族肖像

公元147年,奥勒留生下第一个女儿(多米蒂娜·福斯丁娜),被授予"保民官特权"。奥勒留与妻子福斯丁娜总共生了包括双胞胎在内的14个孩子,但大多数都夭折了。成年的有女儿5人和儿子1人,儿子即臭名昭著的继任者康茂德帝。对于亲子之死的平静叙述(《沉思录》,8-49,9-40,10-35),乍看会被认为是斯多亚派的常见套路[爱比克泰德,《提要》(*Encheiridion*),3、7、11],但无法忽视文字背后透露着的他的悲痛亲身体验。

多年后,皇后或许是出于牵挂驻守在战争前线的丈夫的健康,在女儿萨比娜的陪同下奔赴多瑙河畔的锡尔米乌姆(公元174年),受到军团士兵们的敬仰,被称为"阵地之母"。但翌年

（公元175年），在镇压阿维狄乌斯·卡西乌斯叛乱，向东方远征的同行途中，福斯丁娜突然病逝于小亚细亚的费拉拉（享年45岁）。马可对30年的婚姻生活中"拥有一个温顺、深情和朴实的妻子"表示感激（《沉思录》，1-17）。但有许多关于皇后的后代所出不明的艳闻，甚至连吉本也对此有所涉及，近年来，许多研究者将马可的"亲生子"康茂德的恶行归罪于她母亲的品行不端。

## 即位后的国难

安东尼努斯·庇护帝治下的23年间，并没有值得大书特书的事件，那是"秩序稳定的和平"（tranquilitas ordinis）时代。公元161年3月7日庇护帝逝世，随后马可继承帝位（正式的称号为罗马皇帝·恺撒·马可·奥勒留·安东尼·奥古斯都，时年39岁）。一心继承哈德良帝遗志的他，与同为庇护帝养子的卢齐乌斯·韦鲁斯同为共治帝，这一特殊政体也受到元老院共和主义者的欢迎。

二人的共同统治表面上进行得非常顺畅，但实际上早已显露出怪异的端倪。这年夏天天气寒冷，小麦和葡萄因收成不好造成大规模的饥荒，到了秋天由于台伯河洪水泛滥，首都受灾严重。并且趁着庇护帝之死，一直觊觎东方霸权的帕提亚帝国开始进攻罗马的同盟国亚美尼亚。驻守在当地的一个军团覆灭，卡帕多西亚行省总督西弗勒斯自尽。因此公元162年，马可将卢齐乌斯·韦鲁斯派往东方。毫无军务经验的总帅卢齐乌斯·韦鲁斯珍惜难得的外派机会，抱着异国观光的心情每天都过着闲散的生活。驻扎在布列塔尼亚的名将斯塔提乌斯·普里斯库斯开始出击，翌年便在亚美尼亚战役中取得了胜利。此后帕提亚依然内战不断，至公元164年秋天，罗马帝国终于取得最终胜利。马可出于对绯闻不断的独身美男子卢齐乌斯·韦鲁斯的担心，在以弗所决定将女儿卢西娜（14岁）嫁给他。

帕加马出生的医生克劳狄乌斯·盖伦（Claudius Galenus，公元129—199年）也在这一时期来到罗马。他在与其他学派医生的论争和解剖学的实践中声名鹊起，最终获得皇帝赏识而成为侍医。

此外在中国，有关于公元166年"大秦王安敦"派出的使者携带异国的文物访问日南的记载（《后汉书·西域列传》），反映出当时东西方交流的昌盛，非常有趣。

### 孤独的统治

公元166年10月，罗马帝国举行了庆祝帕提亚战役胜利的凯旋仪式，为了庆祝这半个世纪以来的军事上的最大胜利之一，市民热情高涨。但被认为是自东方凯旋的士兵们带回来的疫病（或许是鼠疫），从这年夏天肆虐至翌年，新的蛮族趁此机会对罗马发起了进攻。公元168年，两位皇帝远征北方，渡过爱琴海视察前线基地，在阿奎莱亚扎营过冬。但是翌年年初，嫌弃生活不便，独自返回罗马的卢齐乌斯·韦鲁斯在中途由于脑溢血猝死（享年39岁），历经8年的共同统治至此瓦解。

暂时返回罗马的马可，将卢齐乌斯·韦鲁斯年轻的遗孀卢西娜（19岁）再次许配给麾下的武将蓬皮安努斯［远潘诺尼亚行省总督阿奎肯（现布达佩斯）军团长］。此后蓬皮安努斯成为北方战线上实质的国防指挥官。169年秋天，马可再次回到日耳曼尼亚前线，在多瑙河畔卡农图姆布阵指挥。通常认为他从这一时期开始写作《沉思录》。


**前线作战中的晚年**

这样的生活持续了一段时间后，东方的科斯托维奇族进攻希腊，破坏了圣地耶路撒冷（公元170年），随后他们入侵小亚细亚，帝国各个边境都受到威胁。但即便在东方达成和议，当时在北方与马科曼、夸第等部族的间断性战争依然在持续。立于罗马市内的"奥勒留圆柱"浮雕，展现了自公元172年开始进入正面交战的情形，但据此依然很难把握真实的战况。

公元175年，继达契亚行省化之后，马可希望也将波希米亚地区行省化，此时其驻地突然接到叛乱的急报。叙利亚行省总督阿维狄乌斯·卡西乌斯接到"皇帝猝逝"的误报后，轻率地举荐了继任者的名单，然而卡西乌斯自己也在叛乱之后被部下百人队长斩杀。虽然叛乱很快被镇压了，但是为了谋求东方的政治安定，军队与对战中的萨尔马特族达成停战协议，并向叙利亚、埃及方向进军。皇后在行军途中病逝即是这一时期的事情。

公元176年驻扎在希腊时，奥勒留决定对雅典进行财政支援以助力哲学诸学派的复兴，同时效仿先帝哈德良参与厄琉西斯密仪[1]，由此可知他对于希腊文化与哲学的高度关注。同年秋天，在应召来到自己身边的儿子康茂德的陪伴下，马可返回罗马，并举办凯旋仪式。公元177年元旦，康茂德（15岁）任执政官，作为韦鲁斯的继任者与马可共同执政。翌年马可让其与重臣布鲁提乌斯·普拉埃森斯的孙女克丽斯庇娜结婚，并整顿继承人体制。

## 死于前线

公元179年春天，罗马军队开始正式发动攻势，并在卡农图姆的西郊扎营过冬。公元180年春天，试图趁雪融之时再次进攻的3月中旬，将满59岁的马可病倒了。自知不治之后，马可便向麾下的将军们留下遗言，要求他们对康茂德尽忠并继续进行战斗。在断绝饮食和服药4天之后，马可以斯多亚派理想的方式从容地迎来了生命的终点（3月17日）。也有史料称其病逝于锡尔米乌姆。另有传言说他被近侍和医生毒杀，但恐怕他一直以来也都有慢性的消化器官疾病和因受伤导致的感染。他是第一位死于前线的皇帝，其遗体在军营内部进行了火化，只有骨灰被运回罗马并安葬于神庙之中。

---

[1] 位于厄琉西斯的一个秘密教派的年度入会仪式。——译者注

公元 16 世纪以来竖立在罗马的卡比多里诺（卡比托利欧）广场骑马像，是现存唯一一座帝政时代建造的青铜像，是展现马可皇帝风采的珍贵物证。另外近期上映的美国电影《角斗士》（2000 年）的开头，有在天色昏暗的森林中，马可身骑白马面色沉重地凝视着罗马人与蛮族激斗的场景，也有马可深夜在营帐中趁着烛光奋笔疾书的场景，理查德·哈里斯扮演的这一角色惟妙惟肖地展现了年迈的皇帝的忧愁与气节（参考本书第 7 章）。

从哈德良帝命其成为安东尼努斯·庇护养子之时起，马可已经被帝位约束，为成为帝王做各种准备。这与其本意恰好相反，正所谓"命运弄人"。他即位后又屡逢国难，因此依旧在与其本来志趣相违背的情况下在战争中度过了后半生。"以美德与智慧为支撑的绝对主权统治着庞大的帝国版图"（吉本，《罗马帝国衰亡史》），如其所言，后代历史学家们大多给予他高度评价。但是由于愚蠢的继承人儿子和被政治婚姻裹挟的女儿的存在，五贤帝时代的末期笼罩在挥之不去的孤独与忧愁之中。在正式阅读《沉思录》之前，我们要对这一时代背景与奥勒留的生平经历有基本了解。

## 对基督教徒的迫害

在谈到马可的生平时，最棘手的问题是他与基督教的关系。在尼禄帝迫害（公元 64 年）后，基督教与罗马帝国之间的紧张关系有所缓解，并保持了长时间平静。然而马可在位期间，随着帝国危机的加深这种紧张再次高涨。由于灾害与战争频发带来的爱国情绪的高涨，在各地参拜不同神灵的宗教活动日益频繁。其中基督教徒们顽固地拒绝参加异教的祭祀活动。因此，他们被以多神教为前提，实行宽容、融合的宗教政策的罗马视为持异见的"无神论者"。

斯多亚派哲学家中有马可尊敬的老师（《沉思录》，1-7）、首都总督拉斯蒂克斯，他逮捕了护教教父查士丁并对其进行拷问，并依法对其判处死刑（约公元 165 年）。这一事件即为这种宗教冲突的象征。即便萨第斯的司教墨利督向皇帝上书请愿（尤西比奥斯，《教会史》，4-26-5，日译本为秦刚平译，山本书店出版）请求宽恕，但最终基督教徒在南法的卢古德南锡斯（里昂）的圆形角斗场被集体公开处决（公开 177 年），这成为迫害基督徒与殉教历史中新的一页（《教会史》，5-1）。马可自己确实了解基督教徒的存在，但仅知皮毛，因此他或许认为基督教徒的社会影响力很小，没有认真对待此事。在《沉思录》中仅有一处带有蔑视性地提到了基督教徒——"像基督教徒那样只知顽强地抵抗"（《沉思录》，11-3），但也有很多人认为这一句是后世添加的（C. R. Haines ed., *The Correspondence of Marcus Cornelius Fronto*, pp. 383–391）。爱比克泰德也把"加利利人"看作狂妄、无惧生死之人的例子（爱比克泰德，《语录》，4-7-6）。

《沉思录》中确实存在能让人联想到福音书的篇章（《沉思录》，6-6、5-7、7-3），并且贯穿全书的虔敬的宗教感也吸引了后世的基督徒读者，但是其思想内涵与基督教教义应是彼此独立的。

# 第3章 | 爱比克泰德的思想：罗马时代的斯多亚哲学

上一章中已经提到，对马可思想的形成影响最大、最直接的是他通过其老师拉斯蒂克斯开始了解的爱比克泰德的著作。爱比克泰德确立的哲学理念的变奏或展开可以被认为是构成《沉思录》基调的思想。因此在本章中，我们先对爱比克泰德的生平及著作进行概述。

与马可皇帝形成对比的是，我们对于爱比克泰德的生平知之甚少，这也是由他的出身决定的。爱比克泰德于公元1世纪中叶出生于弗里吉亚地区（现土耳其西南部）希拉波利斯城（亚细亚州首府东面160公里）。由于其双亲皆为奴隶，他自小便侍奉以巴弗提（解放奴隶出身的尼禄帝秘书，通常认为他后来协助其自杀）。《语录》中描写的为讨当权者欢心而努力的人们，应该取材于爱比克泰德年轻时陪伴主人为宫廷效劳的经历。

爱比克泰德自称为"瘸腿老人"（《语录》，1-6-20）。他的残疾应该是由于晚年的退行性病变，但在基督教方面的史料中，也有由于其主人的虐待致残的说法。但是仅从《语录》来看，主人的态度远称不上残暴（《语录》，1-1-20，1-19-19，1-26-11）。

爱比克泰德当奴隶之时，曾有机会聆听当时优秀的斯多亚派学者穆索尼乌斯·卢福斯演讲。恐怕此后爱比克泰德能够立即得到解放，与在老师的庇护下当助教的经历密不可分。但是图密善帝实行思想控制，在包含首都罗马在内的意大利全境都发布了哲学家驱逐令（公元95年）。由此爱比克泰德离开罗马移居尼科波利斯，在当地办学。这个城市是奥古斯都为了纪念亚克兴海战（公元前31年）的胜利而建立的新兴都市，在政治、经济两方面都成为罗马帝国在希腊西部地区的控制中心，现在我们依然可以从其遗迹回想往日的繁荣。爱比克泰德之所以选定此处，可能考虑到这里是连接意大利与希腊的交通要道，还有新兴港口城市特有的、不因循陈规的国际化氛围。此后，除了短期去往雅典和奥林匹亚，其一生都在这个城市的学校中当教师。爱比克泰德作为斯多亚派的思想家名声渐起，从哈德良帝到政界要员频繁地在旅行途中去拜访他。他终生独身，但据说到晚年（这是由于他希望收养朋友托付给他的孤儿）结了婚。

爱比克泰德的一生可以分为三个阶段：作为奴隶侍奉主人，获得自由后求学，后半生作为职业教师经营私立学校。但同为斯多亚派思想家，约早于他两代人、侍奉过尼禄帝的塞涅卡与他形成对照。具有强烈上升愿望的塞涅卡，出生于西班牙行省科尔多瓦，陪伴与他同名的父亲北上至罗马，作为辩论家、政治家活跃于元老院，终于进入权力中枢并成功地积蓄了财富。但是这种荣华富贵是双刃剑，一旦在善变的皇帝那里失宠，就会招致葬送政治前途，甚至是杀身之祸的悲剧结果。从塞涅卡的经历来看，他更多的是实干家、政治家，而非职业学者、教师。且他的写作，与那些反映斯多亚派思想的著作或书信相比，他的悲剧作品中的古典主义体现为一种相反的风格，显示出浓厚的与后来的巴洛克风格相似的戏剧性。

爱比克泰德具有传奇色彩的一生——作为奴隶出生，患慢性肢体残疾，流放国外的辛酸经历，恐怕还有作为学校教师不稳定的收入——这些特质自然而然地汇聚在其思想核心"隶属与自由"中。官职、名声、财产甚至是生命在专制君主的任意妄为中是多么脆弱，他通过大量事例将其呈现在读者眼前。在这样的状况中，爱氏的课题始终围绕"唯有有知识的人是自由的"展开。这一斯多亚派的悖论是如何提炼出来的？

爱氏于公元135年前后去世，这正是马可的少年时代，因此在爱氏生前两人应该没有见过面。但是通过老师的介绍，马可也接触到了除现存的《语录》以外的爱氏著作。

爱氏开办学校，其后半生都以教师为职业（恐怕是有意模仿其榜样苏格拉底以及第欧根尼的犬儒主义），但并未著过书。其弟子阿利安（活跃于政界，生卒年不详）写了《亚历山大远征记》《印度志》等关于各国地理历史的书，并自认为应当承担起色诺芬对于苏格拉底那样的责任，便尝试忠实记录老师的言行甚至其语气。这就是今天被称为《语录》（*Diatribai*）的全八卷（现仅存其中四卷）作品。这是收录了老师数次讲话及其与师弟对话的"言行录"，但恐怕当初并没有公开发表的意图，只是渐渐流传到门下弟子以外的人群中才被广泛阅读。从全文看，书中所记录的逸事和论点多有重复，给人些许冗杂散漫的印象，但在了解爱氏的性格与思想方面这是最权威的史料。马可·奥勒留也通过恩师拉斯蒂克斯得以接触爱氏"记录"（hypomnemata）（《沉思录》，1-7）的回忆。拉斯蒂克斯曾将自家的藏书借给年轻的马可皇帝。在《沉思录》中言及爱氏之处，有从原书中的直接引用、间接引用和概括，由此可知他受到过后者的强烈影响（总共有21处）。

阿利安更将《语录》的内容精选成《提要》（*Encheiridion*）一书。"Encheiridion"意为"巴掌大小的书"，即把爱比克泰德的说教与训诫进行简洁归纳的"便览"之意（现行版本中共编为53章）。由于阅读方便，这本书比《语录》流传更广，给后世带来巨大影响。古典时代末期西里西亚的辛普里丘（Simplicius of Cilicia，约公元490—560年）所作的注释书中，甚至用"如果无法被这些话语感动，到地狱接受审判时一定会受到惩罚"的话来称赞这本书，也显示出爱氏对新柏拉图主义阵营产生的深远影响。

近代以来被译为"禁欲主义"的实践性道德被认为是斯多亚派学说的代表，实际上与初期的芝诺和克利希波斯相比，这一主张更多出自爱比克泰德的《提要》。同时，从不同阵营发出的斯多亚派批判也多以《提要》的内容（或者说其内容的两义性）为标的。

近年来学者们对《语录》的研究大有进展，由此曾经以《提要》为基准塑造出的"孤高冷傲的卫道士"爱比克泰德形象也在逐渐得到大幅修正。或者说，如"中庸、充满人类的正常情感，善于根据时间、场合进行比喻和劝诫的教育实践者"所言，将爱比克泰德看成更有人情味，且是（不只是芝诺或克利希波斯以来的正统斯多亚派，也有来自柏拉图和色诺芬所继承的苏格拉底、犬儒学派第欧根尼等人的影响）受到复杂思想影响的哲学家的倾向日益加强。

归根结底，爱比克泰德流传最广的作品无疑是《提要》，因此我们主要以《提要》为基础对爱氏的思想进行一番梳理。[1]

凡是存在之物，有"内在的事物"和"外在的事物"之分。判断（hypolepsis）、意愿（horme）、欲望（orexis）、禁忌（ekklisis）……一言以蔽之，凡是我们自身的活动（erga）都是内在性的，身体、财产、判断、官职等，凡不在我们自身内部活动的事物都不是内在于我们的事物。并且，内在于我们的事物是本性上自由的，是无法被阻碍、不会受到外界影响的事物。不内在于我们的事物是脆弱的、从属性的、容易受到影响的、不属于自己的东西。因此请记住下面的话：如果把本性上为从属性的东西当作自由的东西，把不属于自己的东西当作自己的东西，那么你会被影响，处于悲伤、不安之中，也会受到神和他人的指责。但是，如果你只把属于自己的东西当作自己的东西，把不属于自己的东西当作一种既成事实、当作身外之物，那么没有任何人可以强制你，没有任何人可以阻碍你。你不会指责任何人、不会埋怨任何人。如果你没做任何违背本意的事情，那么没有谁可以加

---

[1] 此处译文以岩波文库版《提要》为底本，译者进行了少许改动。——译者注

害于你，你也就没有敌人，也就不会受到任何伤害。

因此对于所有的"不愉快的幻象"（phantasia tracheia），只需要按照下面说的进行练习。告诉自己"这只是一个幻象，并且这个幻象（与实际情况）完全相反"。然后，以这句话为自己的衡量基准（canon），或者说以它为基准考察、琢磨幻象是否为内在于我们的事物。由此就可以很容易得到"它与我没有任何关系"的回答了。

——《提要》，1

《提要》开头这一段很长的内容，直接解释了爱氏思想的核心。"是否为内在的事物"（epi hemin）这一概念可以被译为"能否实现自由""裁度的范围""如意/不如意"等，与行动时的选择（prohairesis）有密切联系（亚里士多德，《尼各马可伦理学》，3-3、1113$^a$11）。对爱氏来说，实践理性的课题首先要对概念范围进行正确的界定。其次，将我们的欲望和选择的对象严格限定在这一范围之内是很重要的。日常生活中我们的欲望对象，也就限定在我们的身边和眼前。但是如果欲望超出这一限定范围就会造成行动上的漏洞和失败，就会迷失自我、产生心理上的混乱。通过冷静地控制自己的欲望、摆脱不安与悲伤，以达到真正的"自由"境地——这是爱氏的基本战略。接下来，人要建立这种稳定的自我，由此摆脱对周围人的过度依赖，以期建立没有摩擦、和谐顺畅的人际关系。

另外，"请记住这句话"（memneso）这一教导多次出现在

《提要》中。实际上这一点是与马可《沉思录》的共通之处（《沉思录》，2-4、8-16）。而马可把这样的行为准则称为来自波希多尼（约公元前135—前50年）的"信条"（dogma）（《沉思录》，1-9、2-3、4-49），并以医生需要常备急救用的医疗器具来比喻它（《沉思录》，3-13）。爱氏的言论并非只要"读了就可以理解"的学说或理论。必须把它当作"座右铭"直接运用到日常生活当中，也就是必须让其成为深入血肉的认识或行为原理。

因此如果从内在的事物中排除掉违反自然的事物，那么你就不会遇到任何想要回避的事物。但是如果你想要回避的是疾病、死亡或贫穷，那么你就会变得不幸。因此如果不承认这些东西都不是我们内在的事物，就会将我们内在的事物中反自然的东西反置于避讳的位置。但是欲望必须毫无保留地全部舍弃。如果你想要追求一件不内在于我们的事物，那么你就会变得不幸。

——《提要》，2

爱氏对于欲望的自我控制原则，与初期斯多亚派以来"与自然和谐共处"的对于幸福的理解相通。但是这种斯多亚派的原则放在我们的日常生活里就会渐渐显现出矛盾。此处列举的"身体、财产、判断、官职"以及与其相反的"疾病、死亡或贫穷"，对于大多数人来说都追求前者而避讳后者。遵从斯多亚派的原则，就会完全违背植根于我们常识的世俗价值观。从这个意义上看，这与柏拉图在《高尔吉亚篇》(510A)和《国家》(564A)中说的"过剩的自由反而会转变成最恶的隶属"是相通的，令人联想到世俗价值的逆转。

令人不安的并非事实（pragma），而是与事实相关的思想（dogma）。例如，死并没有什么可怕。即便不是这样，苏格拉底也会这样想。毋宁说"死很可怕"这种想法是可怕的。因此我们被干扰、感到不安或悲伤的时候，绝不应该怪罪别人，而应该批评自己的"想法"。如果把自身的不幸归罪于他人是没有教养的行为（apaideutos），责备自己是有教养的初级表现，那么既不责备他人也不责备自己就是教养的最高境界（pepaideumenos）了。

苏格拉底就达到了这样的境界，在所有与自己相关的事物中，除了理性不关注其他任何事物。即便你不能做到苏格拉底的程度，也至少要以他为目标坚持下去。

——《提要》，51

"善人无论在生前还是死后，都不做恶事。"（《苏格拉底的辩护》，41D）——对于作恶者绝不中伤的自信，禁止对加害者的冤冤相报（《克力同篇》，49C），消除对死亡的恐惧（《斐多篇》，58E）等，都是散见于柏拉图对话录中的苏格拉底悖论，在《提要》中充满了对这种论调的亲近和共鸣。一般认为斯多亚派自开创者芝诺以来，都抱有超越柏拉图（历史地）回归到苏格拉底的志向，爱氏比起正统斯多亚派，对苏格拉底与犬儒学派的第欧根尼表现出了更强烈的向往（《提要》，15、32、33、46）。这是由于爱氏与苏格拉底从广义的角度看都是教师，同时也都是践行这种生活方式的模范。

我追求的是什么？是学习自然本性、遵从自然本性。因此我一直在寻找能够为我做出解释的人。当我得知这个人是克里西普时，我就去拜访他。但是我不懂他写的东西。因此我又去寻找能够为我进行解释的人。至此为止，我没有丝毫的炫耀之心。但是找到为我进行解释的人时，剩下的就是要践行他的教诲了。这才是我唯一值得炫耀的东西。

——《提要》，49

对爱比克泰德来说，学习斯多亚派的"经典"文本自然是重要的，但更紧要的是将其付诸实践。但无论其实践方式中具备多少修炼、苦行（ascesis）的要素，我们也可以看到他对同时代犬儒学派强烈的批判立场。

为自己身体上的优点感到满足时，最好不要炫耀它。如果你在喝水，无论在什么场合都不要说自己在喝水。如果想要修炼苦行（ascesis），就自己修炼好了。不要为了让外人看到而做。不要塑造偶像。

——《提要》，47

进步者的目标——即不要埋怨任何人，不要批评任何人，不要指责任何人。将自己的精力集中在一件事上，即便发觉了什么也绝不说出来。彻底断绝欲望，把避讳限定为我们权利之内的东西，违反自然本性的东西。他们对一切都采取毫不关心的态度。即便被认为是蠢笨的人、没有才学的人也毫不介意。一言以蔽之，就是要像对待敌人和叛徒那样用心地对待自己。

——《提要》，48

如果你想要进步，就要放弃对外物的挂念，即便被认为愚蠢，也心甘情愿接受。好像看穿一切那样无欲无求。即便被谁当作能够独当一面的人，也不要真的相信自己就如他所认为的那样。

——《提要》，31

这种对于自我欺骗的警戒之心，被马可原样继承下来。"自负是令人畏惧的诡辩者，当你决定要从事有价值的工作时，也是最容易受骗的时候。"（《沉思录》，6-13）"把哲学看作无用的学问才是真正的哲学"，这是对既成哲学观的卫道士的辛辣反击（帕斯卡，《思想录》，B4）。高深精密的学问体系和博闻强识的学术评论，已成为最新的流行范式的"现代思想"，其实是在向具有欺瞒性的"顿悟""救赎"靠拢的疑似宗教——从罗马社会底层眺望知识分子和上流阶级的爱比克泰德，似乎已经看穿了今天的哲学容易陷入的各种窠臼，让人感到其冷静辛辣的目光。

而爱比克泰德所说的"成为善美（kalos kagathos）之人"需要修炼的课题（topos）有三。首先，对于想要追求的东西，要抛掉得失心，这是有关欲望与避讳的领域。其次，要合理地行动，不要马马虎虎地行动，这是有关欲望与拒绝的领域。最后，不要被虚妄所欺骗，谨慎行事，这是有关判断与赞同的领域（《语录》，3-2-1、3-2-2）。以下是将《提要》各章内容按照问题类别进行重新分类后归纳出的内容。

## （甲）关于赞同与判断

自克利希波斯以来的标准斯多亚派认识论中，对作为给定条件的表象（phantasia）给予赞同（synkatathesis），由此使对真伪进行的判断（hypolepsis）成立，在此基础上形成的认识与行动相连接。所谓表象，自爱比克泰德《论灵魂》以来，一直是连接感觉与理性的认识论层面的核心概念，大致可以分为两种情况。第一是被知觉遮蔽的心理机制。回忆过去的事情，预想将来的事情，所谓现在（知觉）是和与其有所区别的过去和将来相联系的。第二是在现在与知觉协同作用的情况。例如这种情况：在门的另一侧听到的声音，由经验进行推测，可以感知为"某位友人来访的脚步声"。克利希波斯以一定的因果条件为基础，认为认知"通过把握实在得到的可能的表象"（phantasia kataleptike）是认知的基础，但怀疑主义者对这一点进行了批判。这也是希腊化时期引人注目的怀疑主义与斯多亚主义关于认识论论争的主战场（塞克斯都·恩披里柯，《对诸学者的驳论集》，7–241、7–401 至 7–405）

爱比克泰德将判断的失误称为"被幻象迷惑"，并追问如何才能保持冷静、维持正确的判断。但是想要维持真正的理性，仅凭理性是不够的。必须要通过不断的训练与重复，进行意象训练。

请回想一下在所有的事物中，喜悦的事物、有用的事物还有喜欢的事物（对自己来说）都是什么。并且最好从最细小的事物开始。如果喜欢这个瓶子，那么就请对自己说"我喜欢这个瓶子"。这样做的话当瓶子被打破时，你也不会感到慌乱。

——《提要》，3

从我们彼此之间没有争议的事物上可以学到自然的意志。因此，请你明白你的酒杯坏掉时，可以采取与别人的酒杯坏掉时同样的处理方式。然后可以把这一原则运用到更重大的事情上。

——《提要》，26

以说出"不经审视的生活是不值得过的"的苏格拉底为榜样（柏拉图，《苏格拉底的辩护》，38A），不要接受未经审视的幻象。这亦如同夜间执勤的警察对身份不明者发出"你是谁，给我看看身份证件"（《语录》，3–12）的质问。

如果你想要进步,就要抛弃"如果没有财产的话,就失去了生活来源"这样的想法。因为在没有痛苦、没有恐惧的状态下饿死,胜过抱着多余的烦恼活着。因此从小事做起。油洒了一点点、酒被盗了一点点时,可以说"不动心(apatheia)就赚了,平静(ataraxia)就赚了"。就当什么事都没发生。

——《提要》,12

对任何事物都绝不要说"我失去了它"(apolesa),不如说"我偿还了它"(apedoka)。"如果是孩子死了呢?"只是把孩子还回去了。"土地被夺走了。"同样是把土地还回去了。"但是夺走这些的人是恶人。"但是给予这些东西的人(神)想要借某人之手要回去,又与你有何相干呢?他把某物交给你,你只把它当作别人的东西来照看就好。如同旅客对待旅店的态度那样。

——《提要》,11

"旅行者"(homo viator)的概念,是自荷马《奥德赛》以来直至基督教都采用的一种人性阐释。如果能够彻底执行这一原则,那么与占有欲相关的通俗观念都会得到改变。我们对电视新闻和报纸上,每天都发生在世界各地的悲惨事件、灾害、事故已经习以为常。因为那不过是事不关己的第三人称性质的事件而已。因此我们认为自己卷入此类事件、成为当事者的可能性几乎为零,或者根本不考虑这种可能性。但是万一我们要直面这种悲剧,就会对这种不讲道理感到愤慨,在唉声叹气中生活，去揭发学校、医院、自治体或政府的管理责任，甚至发展到提出诉讼。但是无论如何追究旁人的责任，失去的东西也永远回不来了。

爱比克泰德从日常的小事出发，以期开拓这样一种视野——即便在自己是当事人的情况下也要保持置身事外的态度鸟瞰世界："在永恒之相之下（sub aeterna ratione）展望世界。"并进行自我洗涤。其终极目标，是达到消除所有特殊视角的自我之死的境地（a view from nowhere）。

死亡、流放等所有令人恐惧的事情，每天都在脑海里想象它。在所有这些事中，请务必一定要想象死亡。这样做的话你一定不会认为有什么东西是低贱的，也不会有任何过度的欲望。

——《提要》，21

习惯以后幻象就不会迷惑你了。

——《提要》，10

文中说的流放，正是爱比克泰德自己在罗马遭遇的悲惨经历。像这样想象自己的死，也就是想象不敢想象的风景，在认识的极限里，就能达成对日常欲望的本质性改变。由此斯多亚派的悖论才刚开始展现其全貌的一角。

但是不要吝惜通过语言向他人表示同情。一起尽情感叹吧。

只要这种感叹并非从心底发出的就好。

——《提要》,16

## (乙)关于意志与欲望

在这种奇特的认识论论调中,接下来的问题便是我们的欲望应当追求什么,不应当追求什么。我们继续概观斯多亚派伦理学的核心规则。

见到有名望的人、有权之人,或其他受好评之人时,会被他的幻象所迷惑,从而认为他是幸福的,一定要杜绝这种想法。之所以这样说,也是由于如果善的本质是内在于我们的事物,就不存在羡慕或者妒忌的余地。只要你不想当将军或执政官,那么你就是自由的。达到自由的唯一途径,就是要轻视并非内在于自身的事物。

——《提要》,19

早期斯多亚派严格地将善恶限定在美德与恶行之中,除此以外的快乐、强壮、容貌、财产、姻亲、家庭友人、名声、官职,甚至是健康和生死都被看成"无关善恶"(adiaphora)。亚里士多德将这些元素看作构成幸福的充分条件的"外在的善"(ektos agathos),尚且维持了一种常识性的价值观维度(《尼各马可伦理学》,1-8),但在斯多亚派内部,通过将"无关善恶"的范畴更进一步划分为"被称赞的事物"(proegmena)和"被排斥的事物"(apoproegmena)这样的次级单位,则产生了用以缓和表面矛盾的修正主义(第欧根尼·拉尔修,《希腊哲学家列传》,7-101至7-107)。

各人的肉体要求是他所有的尺度,这正如脚与鞋子大小的关系。如果超越限度就必然会从悬崖坠落。一旦超越限度就没有界限了。

——《提要》,39

与肉体相关的事物中,浪费时间是没有才能的表现。因此你的全副注意力都应当关注内心。

——《提要》,41

疾病是肉体的障碍(empodion),但不是选择(prohairesis)的障碍。这不应当属于欲望的范畴。身体的残疾是脚的障碍,不是选择的障碍。

——《提要》,9

爱比克泰德使用了"身体残疾"一词,但按照他的说法,从根本的意义上说身体不会有任何"残疾",他以自己脚的残疾来进行说明。《提要》中的矛盾性表达,都不单单是抽象的推论或者思维实验的产物,而是被打上了爱氏自身生活的烙印,请不要忘记这一点。

神给予你美丽的妻子,坦然接受即可。但是如果船长呼唤你,就要抛下这些东西上船去。
——《提要》,7

用航海来比喻人生,在拉丁语世界自维吉尔《埃涅阿斯纪》以来是很常用的比喻,引文中的《提要》,7这段话,也让人联想到终生独身、到晚年为了收养熟人的遗孤而必须要结婚的爱比克泰德的一生。禁欲本身并不是具有最高价值的目标,同时也不是单纯的个人兴趣问题。人生也可以用宴席来比喻。

回想一下你在飨宴上应该如何举止。一道菜上来送到你面前。优雅地伸出手夹菜。送菜的人走过去,不要拦住他。不要在很远的地方就表现得迫不及待。要等着他来到你的位置。对待孩子、妇女、官职、财富也应当如此。这样有朝一日,你就会获得列席众神飨宴的资格。但是如果你对于摆到自己面前的东西不动声色、不取分文,那时你将不仅是众神飨宴的座上宾,也将与众神一样成为支配者。
——《提要》,15

对于现世的欲望,从这些日常琐事出发渐渐扩展到全宇宙的规模，由此就会变成自然界的法则，进而升华为对于命运的感知。

不要因为你的欲望而挑起事端，而应顺应事态行动。这样便会加深对命运的理解。

——《提要》，8

爱氏对于规律的信任，让我想到《圣经·新约》中耶稣的教诲与祷告。"你们要先求他的国和他的义。不要为明天忧虑"（《马太福音》，6-33 至 6-34），这种感受性也成为日后爱氏被基督教世界所接受的基础。只是他生活的年代，正是基督教成立不久的时期，也是希腊、罗马的多神教时代。当时占卜所具有的意义具有现代无法比拟的重要性。曾任执政官的恺撒、西塞罗（公元前106—前43年）以及历代罗马皇帝都会兼任神职。以今日的生活来说，这似乎可以比拟为天气预报与灾害预言、考试成绩好坏预测等植根于极其平常的日常生活的（科学性）预测。

乌鸦以不太吉利的声音鸣叫时，你不要被这种幻象迷惑了。要对自己说，无论将会带来什么结果，我都可以把它当有益的事物接受。

——《提要》，18

占卜的时候，你无法预知将会出现什么结果。只是为了从占卜师那里听到那个结果而来。但那个结果具有什么性质，如果是哲学家，他们来的时候就已经知道了。具体说来，如果那不是我们内在的事物，那么它既不好也不坏。不要带着欲望与避讳去拜访占卜师。也不要带着不安的心情接近他们。将来的事情全都是无关善恶的，对你来说也是无关紧要的，那么要知道无论它会是怎样的东西，都会对自己派上用场并且不会对任何人造成妨碍，以这样的心情去见占卜师。就像接近忠告者那样，勇敢地走向众神的领地吧。

——《提要》，32

《提要》最后以第二代斯多亚派代表人物克里安西斯（约公元前331—前230年）有名的《宙斯赞歌》中的一部分结束。据说这首歌实际上在爱比克泰德的学校里演唱过。

在任何情况下都要记住这个想法。请指引我，天神宙斯，还有你，命运的女神。无论是到我所在的地方还是你指定的地方，我将按指引而行。绝不犹豫，即便作为一个胆小的人我本不愿去，也会义无反顾地去。顺应自然之理的人，我们把他看作智者，可以感知到神性的人。

——《提要》，53

## （丙）关于人际关系中的行为

斯多亚派哲学，并不像通常被误解的那样，仅限于个人的禁欲以及走向最终解脱的境地。它同时具备以亲和力和义务（适当的行为)等观念为核心的社会性视角。这一点才是它能够成为古希腊、罗马世界主流思想的主要原因。通常翻译为"义务"的范畴,并非抽象、普遍性的道德规则,而是立足于自然本性和自我的生存这两个概念的相对性规范,应该被理解为特殊且恰当的人际关系。

义务(kathekon)可以通过常见的人际关系来衡量。他是你的父亲。但并不表示你必须照顾他,在所有事情上都让着他,挨打挨骂也要忍受。"但他是恶劣的父亲","兄弟关系不好"时,要对他保持自己的位置。不要衡量他的行为。应思考你应该怎么做才能让自己的意志符合自然本性。只要你不想要,他人就不会伤害你。当你认为自己受到伤害的时候,才是对你自己的伤害。

——《提要》,30

所有的事物都有两面,一方面是可以移动的,另一方面是不可移动的。因此,由于可以移动(从作为父亲的立场出发)就应当放手。

——《提要》,43

在家庭中或职场上,对我们来说人际关系是造成压力的首要原因吧。随着网络和手机带来的信息化的进步,匿名的诽谤中伤导致质、量齐变,不知何时才能停止。另一方面,大家庭或者地区性社会中人与人之间发生直接冲突的机会减少,无论在学校还是在企业"自尊心很强、容易受到伤害"的年轻人增多。在这种状况下,爱氏下面这段话显得尤为重要。

侮辱你的并不是谩骂你或者殴打你的人,而是这些人正在侮辱你这个念头。如果说谁惹你生气,那就是你的念头惹你生气的。因此不要被幻象所迷惑。一旦你获得了思考的时间,并为自己的想法感到犹豫(diatribe),便会轻而易举地克服这些念头。

——《提要》,20

当别人对你做不好的事、对你口出恶言之时,你只需记得他是认为这样做是合适的才会有这样的言行。他遵从了自己的想法。如果错了,这对他也会产生伤害。因为他也被欺骗了。如果能从这样的想法出发,那么你就会善待对你口出恶言之人了。在任何情况下都可以对自己说"他就是这样想的"即可。

——《提要》,42

斯多亚派喜欢用戏剧来比喻人生。莎士比亚也多次在自己创作的戏剧中谈论表演,将世界比喻为剧场,将人生比喻为演出。对人来说,如果将自身行为的目的看成是分配给自己的各种角色,那么即便是配角或反角也可以被欣然接受,只要恰如其分地认真扮演这个角色就好,不要强求自己是主角,或对分配给自己的角色有什么不满。这种对于命运的比喻,被《沉思录》继承了下来(《沉思录》,3-8、11-1、12-36)。

你是戏剧演员。如果让你扮演乞丐,就惟妙惟肖地表演。演出的角色无论是跛足人、当官的人还是普通人都是一样的。你的任务就是把分配给你的角色出色地表演出来,选择角色是其他人的任务。

——《提要》,17

如果你承担了超出你能力的角色,当你表现出苦于扮演这个角色的同时,也让你本来能够圆满完成的角色马马虎虎地完成了。

——《提要》,37

另外人际关系的极致,就是让人与人之间的关联无限延长从而得到的人与众神的共存。在这一点上,斯多亚派的观点,与不承认众神存在的唯物论式的无神论是对立的,与伊壁鸠鲁学派的观点也是对立的,即虽然承认众神存在,但对于人类世界的种种事项漠不关心,只是独自享受神给予的美好(西塞罗,《关于众神的本性》,1-18-48)。但即便是在有神论的一方,并不相信对神进行忏悔,而是相信保留在历史中的神迹,并对此进行绵延不绝的歌颂,我们与这种犹太教的《诗篇》也应划出一条界线。

用心在必然的欲望和避讳上的人,都会同时用心在对神的敬拜上。

在对众神表示虔诚敬拜时,最紧要的是,要正确理解众神的存在,理解它们在正确地优雅地控制宇宙,全身心地把自己托付给他们,对所有的事情都要让步,了解自己是在最高的理性支配下行动的，自觉地接近并服从他们。这样做就不会责难众神，即便被无视也不会抱怨自己的苦楚。

——《提要》，31

通过以上从《提要》中摘录出来的句子可以概观斯多亚派的思想，但请不要陷入对斯多亚派思想理解的俗套。《提要》能够代表斯多亚派学说的独特性和矛盾性，但这绝非将思想的片段毫无章法地罗列在一起形成的格言集。认识、欲望、行为三个领域是彼此相关的，爱比克泰德提出的斯多亚哲学的三个原则，彼此紧密联系、互为补充，通过强有力的理论分析构造了悖论式的人生典范。并且本书在引用这三个原则时，虽然对其表达进行了一定改动，但基本保持了其原有结构，它们在《沉思录》中也有体现。之所以说马可皇帝继承了爱比克泰德的思想，也在于此（参考本书第二部第3章）。

# 第4章 | 斯多亚派的影响及接受史：
赞赏、共鸣、批判

上一章主要讨论了《提要》，即爱比克泰德的思想，以他为代表的斯多亚派哲学，在他以后的时代是怎样被阅读的？本章将跟随时代的脚步，尽力从影响史中找出基本的阅读范式。

## 古代末期与基督教

斯多亚派哲学以公元2世纪末的马可皇帝为终点，之后表面上突然从哲学史的舞台上消失了。接下来成为主流哲学思想的是以对柏拉图和亚里士多德的阐释为基础的折中主义，其中公元3世纪中叶以普罗提诺为鼻祖的新柏拉图主义盛行，与新兴的基督教势力进行的思想交流也不断发展。20世纪中叶，以牛津大学的古典学者E.R.多兹（E. R. Dodds, 1893—1979）为代表的学者们将始于公元2世纪末的罗马帝国衰亡时代概括为"自我身份认同危机的时代"，同时也认为当时渴望灵魂救赎的时代精神加强了向新柏拉图主义和基督教的倾斜。E.R.多兹重视古典时代的心性概念中隐藏的非理性特质，他从《沉思录》中发现了马可对自己的反复谴责（《沉思录》,5-10）以及对重生的向往（《沉思录》,10-8），读出了皇帝对自身的认同危机。但近年来这一观点受到了尝试以"历史的心理学"解释斯多亚派学说的法国古典哲学史家皮埃尔·阿多（Pierre Hadot，1922—2010）等人的强烈批判。

实际上早期的基督教会对于哲学——除去查士丁这样受到中期柏拉图主义影响的护教教父——基本上持否定态度。哲学被认为不过是人随口说的东西，"你们要谨慎，恐怕有人用他的理学和虚空的妄言，小心不要被他掳去"（《歌罗西书》,2:8），这一劝诫是《圣经·新约》中唯一提到"哲学"的例子。但是，批判古希腊哲学的一方，大多已在无意识中受到了同时代哲学的影响。保罗在第二次传教途中曾在雅典与斯多亚派、伊壁鸠鲁派的哲学家们进行论战（《使徒行传》,17:18），但这封书信中体现出的对德行的理解，深深印刻着斯多亚派巨大影响的烙印。保罗和几乎与他同时代的塞涅卡之间的《书信往来集》出现于公元4世纪末，姑且不论其真伪，这本书自中世纪到文艺复兴一直受到读者喜爱，其缘由即在于哲学的影响。受到更早的犹太人菲隆（公元前25—约公元45年）影响的克莱门斯（约公元150—220年）和以俄利根（约公元185—254年）为代表的亚历山大学派教父，就更加展现了在具备全面的古典学术教养的前提下对希腊哲学的深刻理解。

公元3—6世纪时，教父们经常提到爱比克泰德的名字，他虽然是异教徒，但被看成是有德之人的典范。结果是，他的言行被传播开来，他无视贫困、肢体残疾、奴隶等境遇，开拓独立不羁的思想境界的性格更是广受赞赏。俄利根对柏拉图评价甚高，但也认为"与柏拉图只在学者中间受到好评相比，爱比克泰德凭借他的言行受到了希望进步的普通人的崇拜"（俄利根，《反赛尔索》，6-2）。但是俄利根读的似乎并非《语录》而只是《提要》。在柏拉图主义阵营中《提要》也受到高度评价，由上一章论述的辛普里丘所作注释书可略窥一二。

## 译为现代语言

文艺复兴时期，爱比克泰德的传承始于波利齐亚诺的拉丁语译本（博洛尼亚，1497年），经由拜占庭得到传播。这本书很受欢迎，不久便被重译为各国语言，但同时"苏格拉底"的名字被篡改为"圣保罗"，并因此成为修道士的训导指南而得到普及。公元16世纪至18世纪末这部作品也被译为中文，这是认为爱氏与儒学有相近之处的耶稣会传教士利玛窦出于传教需要而想到的方法。

《语录》由维托·特林卡维里（Vittore Trincavelli）首次完整地译成拉丁文（威尼斯，1535年），首个英译本由伊丽莎白·卡特（Elizabeth Carter，1717—1806）于1758年译成。在威廉·艾伯特·奥德法瑟（William Abbott Oldfather）的洛布丛书对译本（1925年、1928年）出现前，卡特的译文一直是标准的英译本。

卡特女士跟随英国教会牧师的父亲学习古希腊语，与辞书编纂家塞缪尔·约翰逊（Samuel Johnson）博士、坎特伯雷大主教托马斯·德克尔（Thomas Dekker）等同时代的知识人有许多交流。但翻译《语录》是由于受到女性友人的劝说，未必是因其本人醉心于斯多亚派。她在解说中对自己翻译的斯多亚派哲学进行评价，表示对神性原理以及自我控制的原则、社会性行为的准则的赞赏，但同时也对斯多亚派的"傲慢"以及对人性的侮蔑等"神学的谬误"表示批评。

## 近代的斯多亚主义与帕斯卡

近代初期的斯多亚主义，于17世纪上半叶在继承了塞涅卡思想的弗兰德斯的新斯多亚主义者以及尤斯图斯·里普修斯（Justus Lipsius，1547—1606）、纪尧姆·杜·维尔（Guillaume du Vair，1556—1621）等人的倡导下迎来了复兴。其中在巴黎近郊的波尔瓦亚尔岱尚（Port-Royal des Champs）修道院这一据点，布莱士·帕斯卡（Blaise Pascal，1623—1662）写了小品文《与德·萨西氏的对话》（*L'Entretien de Pascal avec M. de Saci*），是表现基督教与斯多亚派哲学关系的富于启示性的作品。

帕斯卡曾向德·萨西氏请教关于哲学的阅读，并得到出乎意料的回答：他最喜欢的是蒙田和爱比克泰德。爱比克泰德"在古今中外的哲学家中，是最了解人类义务的人，以神为目标，相信神能够正确支配一切事物，并欣然将自己托付给神。以这样的心情，停止哀叹，做好坦然接受最恶毒的事情的准备"。帕斯卡对《提要》第11章、第17章、第21章的引用，也如实反映了他对于爱氏的喜爱。然而他又笔锋一转，批评爱氏不知人类的能力界限，因此陷入孤傲之中。换言之，"根据爱比克泰德的说法，神给予人类执行其义务的手段，这些全部都在我们的能力范围之内。诚然财产、生命、尊重不在我们的能力范围之内，但是精神不会强制自己理解自己的错误，意志也未必要将自己导向对不幸的耽溺，这两种能力是自由的，可以完成自我成全，充分理解神、敬爱神，从所有的恶行中解放出来，成为有德之人、成为神的伴侣"。但是根据帕斯卡的理论，这些"恶魔性的宏大原理"，容易发展成将灵魂看成神的实体的一部分的泛神论，不把悲伤或死看作恶的奇怪的情感论以及自杀认同论等谬论。

帕斯卡理论的特征，是将爱比克泰德为代表的斯多亚派学说与公元16世纪以来显著复兴的怀疑主义的代表蒙田对立起来。蒙田一方面信教，另一方面又企图了解在没有信仰之光的地方，理性应当怎样引导道德，因此他在对被剥夺了神启的人进行考察时陷入了普遍的怀疑主义中，认为任何事情都没有定论。这会导致在自我说明时，无法说出"我不了解"，只能以"我究竟了解什么？"（Que sais je？）这样的疑问句来表达。

爱比克泰德与蒙田二人确实是世界上最有名也最极端的非理性主义两大宗派的拥护者。但是他们谬误的源头，在于他们不了解人类现在的状况已经不同于创世时的原初状态。斯多亚派凝视着人类最初的伟大遗迹却不知其腐败，将自然看作健全的无须修理的东西，因此才会走向傲慢和妄自尊大的极致。怀疑主义能够感知当下的悲惨却不知最初的伟大，因此陷入绝望、倦怠和卑怯。与此相对，福音书的真理则是通过神圣的力量调和两种相反的东西，去伪存真，由此对人性说教中彼此对立的东西进行中和，从而创造出一种超然的智慧。因此德·萨西氏才会把帕斯卡比喻为"从最毒的毒药里巧妙地做出治病良药的医生"。

对于直面"无神论者的悲哀"的帕斯卡来说，以内心自由为基础提倡自我救赎的爱比克泰德认为耶稣受难而死的赎罪信仰毫无意义，这种傲慢的理性也并非毫无道理。但是爱比克泰德学说的核心，在于如何让容易犯错的普通人改变其习惯性的思维方式并获得进步。因此帕斯卡其实并未批判人类理性与意志高度自律的观点（Anthony Long, *Stoic Studies*, p. 264）。只是这种理解与前述卡特女士的情况相同，在基督教内部逐渐沦为对爱氏进行批判的惯用路数。

## 对现代思想的影响

在与帕斯卡相近的时代，在笛卡尔《方法论》中提出的行为规范中也可以看到爱比克泰德的浓厚影响。进入18世纪以后，出现了约瑟夫·巴特勒（Joseph Butler, 1692—1752）主教、第三代沙夫茨伯里伯爵安东尼·阿什利·考伯（3rd Earl of

Shaftesbury, Anthony Ashley Cooper, 1671—1713）等爱氏的忠实读者。爱氏对从自然本性到全宇宙的和谐进行观照的"道德感"概念影响了英国经验主义的发展，18世纪下半叶以来，亚当·斯密是最后受到爱氏影响的人，此后爱氏的影响力逐渐下降。19世纪诗人马修·阿诺德称赞爱氏为"道德宗师"是当时有名的观点，但他认为爱氏的坚忍只适用于对少数强者进行说教，并感慨其学说中缺少基督教的温暖和光辉。

在北美，对于强调自由与自律的爱比克泰德基本上是正面接受的。其忠实读者有超验主义者爱默生、梭罗，自然主义诗人惠特曼等思想家和文学家。另外，清教主义牧师约翰·哈佛（John Harvard, 1607—1638）向北美最早设立的大学捐赠的藏书（1638年）的目录中就包括《提要》。美国第三代总统、《独立宣言》的起草者托马斯·杰斐逊也是卡特译《语录》的忠实读者，弗吉尼亚大学创立伊始，其图书馆就收录了爱比克泰德的希腊语原版书。在杰斐逊的私人信件中，甚至提到过想要翻译爱比克泰德著作的想法，可见其对爱氏的热衷程度。

## 自我教育与幸福论

从基督教的立场对斯多亚哲学进行积极评价的还有瑞士思想家卡尔·希尔蒂（Carl Hilty, 1833—1909）的《幸福论》。希尔蒂本是律师、法学家，他对希腊、罗马的古典文明感兴趣，特别喜欢爱比克泰德和奥勒留。《幸福论》的这种具有教育意义的思想和简洁的散文体风格很受欢迎，它被选入旧制高等学校的德语课本从而普及开来。

希尔蒂认为，教育者的本分在于培养独立自主的人格。但是这种人格的养成，是通过自我教育和模范作用实现的，应当培养主动学习的态度，而不是靠老师教授。能够达成这种自我教育的途径只有斯多亚主义和基督教。斯多亚派哲学是与审美享受和功利主义相对立的，可以培养超然于命运转变之上的内在坚韧性。

斯多亚主义本来不包含任何超自然主义要素，同时也没有任何宗教信仰的要求，只是诉诸常识而已。它对求索中的热血青年来说具有非凡的魅力和极大的鼓舞，但基督教需要接受过完整教育的人的那种丰富的人生经验与谦虚的品格，对于求学中的青年来说就并不十分合适了。

包括圣奥古斯丁在内的后世基督教释教者中，塞涅卡、马可·奥勒留和爱比克泰德也都可以算半个基督徒……他们的高尚语言，确实非常接近基督教的伦理精神，但是其哲学思想，原本植根于与基督教完全不同的世界观中，因此他们的思想不具备基督教那种孩童式的纯粹愉悦。……从整体上看，爱比克泰德的《提要》的伦理性内容具有最高地位，因此是与基督教的伦理教义最相近的古代著作。

——《幸福论》（第1部），草间平作 译，
岩波文库，1961年，pp. 41–42

由此可见,《幸福论》(第1部)收录的论文《爱比克泰德》本是给他故乡库尔的师范学校的投稿,或许是出于这个原因,希尔蒂对斯多亚派哲学主要是从其教育功能角度进行评价的。今天看来这种教育思想显得古色苍然,但依然有很多教育者非常认同这种理念。并且这篇论文中附带有含注释的德译《提要》全52章,在二战前也成为我国介绍斯多亚派哲学的重要参考。事实上,我国的古典哲学研究开创者之一山本光雄(1905—1981)曾回忆过通过希尔蒂的论文接触到爱比克泰德的往事(《希腊罗马哲学家物语》,角川书店,1979年首版,讲谈社学术文库,2003年再版)。

此外,给昭和初期青年们的思想带来很大影响、旧制第一高等学校的法制和德语教授三谷隆正(1889—1944),也可以说其思想基本位于希尔蒂的延长线上。他受到内村鉴三(1861—1930)的影响,从基督教的立场对爱比克泰德和马可·奥勒留的宗教性给予高度评价。写作于战争期间的遗作《幸福论》(1944年在三谷隆正去世后出版),其史观整体上受到爱德华·策勒(Eduard Zeller,1814—1908)的哲学史观的影响。在题为《幸福论的历史》的文章中,三谷围绕苏格拉底以来的古代哲学史展开论述,虽然他认为"尤其是奥勒留《沉思录》中的某些辞章,不禁让我联想到耶稣基督说的话",但他彻底否定自杀肯定论,批评这种"古代末期的幸福主义哲学显然错误理解了幸福的真谛"。

现在三谷算是"已经被大家遗忘的思想家",但从岩波文库版《沉思录》的献词中,可以看到译者神谷美惠子能够了解到马可·奥勒留,也是在无教会主义基督教的影响下,经由三谷接触到希尔蒂的论文这条路径实现的。

## 尼采对爱比克泰德的评价

与上述基督教思想家相反,有些思想家站在与宗教敌对的立场评价斯多亚派,尼采代表了他这一派思想家深入骨髓的敌意,这确实是很有趣的。他几乎很少提到马可·奥勒留。

> 知识的诱惑——在学问的门口向里面望上一望,这使那些一往情深的灵魂欣喜若狂。他们很可能会成为一个空想家,或者在最好的情况下,成为一个诗人。对于知识人的幸福,他们怀着那样强烈的渴望。学问以一百种和一百零一种最高贵的方式发布了它的欢乐福音:"走开,幻想!没有幻想,我就不会再'伤心';而不幸本身也将随之远去。"(马可·奥勒留)
>
> ——《曙光》[1]

> 亚西西的圣方济各是受欢迎的、大众的诗人,为了最底层人民的利益而对抗灵魂的等级。否定灵魂的等级制度——"在上帝面前人人平等"——他是大众理想中的善人、忘我之人、圣人、智者、义士。哦,马可·奥勒留!
>
> ——《权力意志》

[1] 本章中《曙光》的译文参考田立年译本(漓江出版社,2005年),《人性的,太人性的》参考杨恒达译本(中国人民大学出版社,2005年),《权力意志》参考孙周兴译本(商务印书馆,2007年),《快乐的科学》参考黄明嘉译本(华东师范大学出版社,2007年),此后不一一标注。——译者注

那个皇帝对所有的事情都不甚看重，一直坐在那里平静地留心观察一切事项的变化。我与其相反，无法接受所有的东西都是无常的，我认为它们都是很有价值的东西。或者说，我为了世上的一切去探求一种永恒性。把最贵重的香料和葡萄酒洒到海里是正确的行为吗？——已经逝去的事物成为永远，这对我是一种慰藉。——大海会重新带它们回来。

——《权力意志》

尼采对爱比克泰德总是从基督教道德批判的角度进行些许曲解和赞美。由于概述其思想将较为无聊，因此虽然占篇幅较大，在此仍全文引用尼采原话。

古代的道德英雄，如爱比克泰德，对于我们今天这种对替别人着想和为别人生活的普遍赞美一无所知。按照我们今天的道德时尚判断，他们是十足的不道德的人，因为他们竭尽全力为之奋斗的只是他们的自我，并且反对对于别人的任何同情（特别是对于别人的痛苦和道德缺点的同情）。

……

爱比克泰德式的人，显然不对我们今天追求理想的人的口味。他本性中无法断绝的紧张，他永不疲倦的内心审视，当他偶尔打量外部世界时他目光中的谨慎、冷淡和镇静，特别是他的沉默或寡言；他的所有最严厉的坚忍的表现……对了！还有他的微笑！这一理想中包含了古代人的多少人性！然而最美妙的东西是，他全然没有对上帝的恐惧，严格相信理性。

——《曙光》

基督教是已经变得古老的古代宗教……对于这些退化的民族曾经能够、现在也能够发挥镇痛剂的作用。在耳朵和眼睛里"满是淤泥"，以至于再也听不见理性与哲学的声音，看不见具体化的智慧的时代——无论这种智慧用的是爱比克泰德的名字还是伊壁鸠鲁的名字——也许那矗立的苦难十字架和"末日审判的长号"仍能起作用，打动这样的民族，让他们仍然享受有品质的生活。

——《人性的，太人性的》

尼采将《提要》第5章进行了微妙的换译。将尼采与本书上一章中引用的爱比克泰德的原话对比，古代人的言说虽然存在悖论，但展现了在说明教育（paideia）与进步时的稳健，而现代人的语言则展现了深刻的孤独与绝望。

"只要我们始终把罪过推到别人身上，我们就还是群氓一类的人物。如果我们始终只是让自己承担责任，我们就走上了智慧之路。智者不认为任何人有罪过，既不是自己有罪过，也不是他人有罪过。"——人们听到过这样的话，但是忘记了。——不，人们没有听到，也没有忘记……人们没有爱比克泰德那种耳朵……那么爱比克泰德是在说给自己和自己的耳朵听吗？——确实如此。智慧是孤独者在人声喧嚣的市场上同自己的窃窃私语。

——《曙光》

冥想生活的倒退,以及间或伴随着对这种生活的低估,可能是我们这个时代的特长。但是必须坦率地承认,我们的时代里缺乏伟大的道德哲学家,帕斯卡、爱比克泰德、塞涅卡、普卢塔克已经几乎没有人读了,工作与勤奋——以前是追随健康女神——时而就像疾病一样肆虐。

——《人性的,太人性的》

基督教对道德的怀疑。它清除了每个人内心对其"道德"的信仰,使得那些古代名目繁多的伟大道德以及那些自以为完美无缺、怀着斗牛士的荣耀四处游荡的名士永远从地球上绝迹。我们受过基督教"怀疑学校"的教育,今天再读古人比如塞涅卡和爱比克泰德的道德书籍,便领略到一种短暂的优越感,并且心中充满神秘的洞察和概观。

——《快乐的科学》

## 现代日本的佛教哲学

接下来我们暂且把沿基督教追溯的近代以来的思想史放在一边,看看我国对斯多亚派哲学的接受,最有趣的应当是清泽满之（1863—1903）了。明治初年，他与井上圆了共同在东京大学学习西洋哲学，他们是在佛教素养的基础上接受西方思想的一代人。他们把握西洋哲学的概念、建立独特的佛教理念，这超越了思辨性的学术工作的范围。清泽以贯彻禁欲修行的真宗大谷派的宗教改革而闻名，堪称佛教界的内村鉴三。他将爱比克泰德的《语录》与《阿含经》《叹异抄》并举，赞为"我的三部经书"。

明治31年9月赴京，寄居于泽柳氏处，于其藏书中借来爱氏训谕书。
——《当用日记抄》，《清泽满之全集》第8卷，
岩波书店，2002—2003年

正式开始阅读爱氏，是在明治28年的动荡岁月（35岁），当时我结束结核病疗养后，恰逢寺务改革运动大张旗鼓地进行而我不幸被宗门除名，因而不得不将创刊伊始的《教界时言》停刊。秋冬之交，自觉颇有所得。……感到在修行之路上有所进益。
——《当用日记抄》，《清泽满之全集》第8卷，
岩波书店，2002—2003年

从此处至翌年的日记《腊扇记》中，我们可以看到清泽详细的读书记录，其中大半为《提要》[乔治·朗（Gorge Long）的英译本]的英文摘抄，也零星可见其对文意的总结。其目的是要辨

别出符合自己心意的内容、获得坚定的信念，这也是《他力门哲学》的核心。清泽在穷究佛教道德论的过程中从爱氏身上发现了佛教中的要义。清泽的摘录与通常的解释或引用有微妙的差别。据今村仁司的考证（《现代语译本清泽满之语录》，岩波现代文库，岩波书店，2001年，p.459），他的读书笔记有这样的特征：同样的章节会反复出现，把连续的段落切分开来，分别写在不同日期的日志下。这不仅是为了收集信息或材料而读书，每日不间断地抄写英文文章与读经和抄经相似，这一行为本身就是有意义的，读书和抄写本身就是一种修行。并且，他把这本书称为"西洋第一书"并推荐给弟子们，说"我内心烦闷之时，就会诵读爱氏语录，烦闷便会倏然而解"，同时他也把手抄版赠予病中的友人井上丰忠（《有限无限录》，p.19）。

但这种理性的禁欲修行论，不是违背了自真宗初祖亲鸾以来一直奉行的"绝对他力的大道"（《精神主义》）吗？40岁便早逝的清泽，在他对爱氏满怀憧憬的同时也一直抱有的问题，恐怕与前文提到的帕斯卡、伊丽莎白·卡特、马修·阿诺德等真诚的基督教徒是一致的：他们都感受到爱比克泰德有一种"对人的完整性的傲慢态度"。

清泽去世后不久，1904年，其弟子稻叶昌丸根据清泽遗物中的英译本《提要》译出《爱比克泰德的训谕》[浩浩洞学校刊行，明治37年（1904）]，成为本书里程碑式的日语初译版。

## 与中国思想的比较

与这种直接的影响史不同,皮埃尔·阿多在其著作末尾用"普遍性的斯多亚主义"显示着某种可能性。他引用中国思想研究者 J. 格林(J. Gelne)的研究,从明末清初的阳明学家王夫之(1619—1692)的"大公无私""大心"概念,以及唐甄(1630—1704)的思想中找到了与斯多亚派哲学类似的思想。唐甄认为,与广阔的宇宙时空相比,人类不过是随风飞散的尘土、瞬间消失的烟火罢了。但正是因为人类具有向善的决心、维持道德的高贵,这么微不足道的人类才可以与宇宙相比拟。从这种洞察到大宇宙与小宇宙的相互感应与调和的智识中,皮埃尔·阿多看到了斯多亚派哲学的核心。这种比较思想的尝试,从摆脱西欧中心主义的束缚的意义上看,应当引起关注。将近代中国思想家与斯多亚派进行比较是否恰当,随着包括日中欧美在内的国际研究者的交流不断深入,应当成为我们今后关注的课题。

## 在当代复苏的爱比克泰德

在断绝了武士道和阳明学传统的现代世界中爱氏思想又是怎样的光景呢?自 1970 年起不间断地描述当代美国社会的"新新闻主义"旗手托马斯·沃尔夫(Thomas K. Wolfe, Jr.)的作品《完美的人》(*A Man in Full*, 1998)为此提供了很好的材料。这部长篇通俗小说以欲望、金钱和人种问题交织的佐治亚州亚特兰大为舞台，讲述了在20世纪60年代因经济泡沫破灭而破产的地产公司经理克拉克的故事。他在一个偶然的机会中遇到一位年轻的推销员康拉德，后者向他讲述了自己邮购爱比克泰德著作的经历并说服了他，使他倾心于斯多亚派，他最终在一个名为《斯多亚派的时间》的电视节目上成功地转型为爱氏思想的传授者。小说在讲述含冤入狱的康拉德在监狱中的故事时大量使用美国南部方言和下流的俚语。在与狱警和犯人的恶俗对话中，康拉德的口中会时不时跳出严肃正经的爱氏箴言，产生绝妙的反差感。与在疾病与贫困中执着求道的清泽正相反，在充满现实欲望、高速运转的美国商业社会里，斯多亚派思想如何打动人的心弦呢？沃尔夫的视角虽然带有轻微的讽刺意味，但他提出了一个非常尖锐的问题。

# 第 5 章 | 关于《沉思录》（一）：成书之谜、抄本传承与翻译的历史

在有马可皇帝这一角色的两部电影《角斗士》和《罗马帝国沦亡录》(*The Fall of the Roman Empire*, 1964)中，都有在苦寒荒蛮的对日耳曼民族作战的前线，皇帝独自在帐内奋笔疾书的场景（参考本书第 7 章）。这是表现皇帝孤独忧愁的著名场景，不管这个场景是真实再现了著书过程还是戏剧化表达的需要，对我们来说，《沉思录》一书的传承路径始终笼罩在浓雾之中。

**书籍的旅程**

对于已经习惯印刷书籍的现代人来说可能难以想象，古代的一本书能够传承至今，某种意义上说是一个奇迹。《沉思录》的传承与航海历险记《奥德赛》相似，经历了多次危机。当时莎草纸和羊皮纸等书写载体是极度脆弱的。先不说火灾或抢掠，只要保存状态稍差一点纸张就有被腐蚀或磨损的可能性。但是为了把

书籍传承下去,人们又不得不使用这种书写记录方式。古代以柏拉图学园为代表的哲学学园,中世纪的修道院图书室,都会组织进行一定规模的抄写活动,但是人工完成的手抄本很难避免在书写时的笔误。并且只要有一次笔误,这个错误就会在一代一代的传承中继承下来。一本书如果被认为没有传承价值就很容易被大众忘记。但是具有权威性的书,也有可能遭遇执政者由于政治目的而进行的篡改,如果被认定存在危险的政治思想或宗教思想,更可能遭遇焚书。而《沉思录》也与其他古典作品一样,经历了不为人知的漫长旅途才传承到今天。

**原始手稿与遗稿**

正像电影中描述的那样,这些文章无疑是皇帝亲手书写的。公文与政令等一些政治性文件,是皇帝口述并由专门的官员记录下来的。从文章的篇幅来看,虽然除去处理政务和接见官员以外的私人时间不是太多,但也足够让奥勒留把一点一滴写下的速记或日记积累成书。如果把这样的皇帝手稿称为"原稿"的话,它与现在我们读到的《沉思录》之间,实际上潜藏着一些微妙的问题。即便马可倾心于哲学是众所周知的事实,但是他想要"亲笔写成一部书"是否会让周围人都知道呢?据阿维狄乌斯·卡西乌斯的传记(《罗马帝王纪》,3-6、3-7)记载,在马科曼尼战役出征前,他曾向马可皇帝进言,建议出版《哲学的训谕》一书。在电影《罗马帝国沦亡录》中，有一个虚构的场景，表现皇帝把手稿亲手交给女儿卢西娜。但皇帝是否有公开自己手稿的意愿呢？如果有，他的目的是什么？有一种说法认为，这是给不肖子康茂德的训谕，在拜占庭时代也出现了支持这种说法的佐证。

但是从书的内容来看，不管著书本身是否会对周围人保密，皇帝起初并没有给别人看的打算——这与我们的课堂笔记、记事本或日记相同——只是给自己看的手记，这种可能性更高一些。很可能是皇帝死后，整理其遗物的家人或近臣发现了这份手稿，将其保存下来，并开始在有限的范围内传阅抄写。但是这时原始手稿到哪儿去了？或者说，这些手稿是被原样保存下来了，还是由第三者进行选编加工了？原始手稿是与现行版本一样的顺序写成的吗？第1卷与第2卷之间，以及第2卷与第3卷之间"于格兰河畔的夸第族之中写下""于卡农图姆"都是谁写的呢？——这些谜团尚未解开。

《沉思录》第1卷中列出了他的业师和友人的名单。其中仅斯多亚派哲学家一项，就可以看到卡尔西顿的阿波罗尼奥斯、朱利乌斯·拉斯蒂克斯、克劳迪乌斯·马可西默斯、泰纳·卡图卢斯等人的名字。只要他的近臣与友人中有少数几位有慧眼的斯多亚派学者，那么看到他的遗稿，就一定能够轻松辨认出这是深得斯多亚派哲学精髓的宝贵精神记录。并且作为皇帝的遗稿，这份笔记难得完全没有提及政策或战争，政治性极其微弱——这样就会免于被权力滥用——只是一份私人记录。因此，起初这部手稿恐怕只是在有同样思想倾向的人的小范围内流传，同时原稿也被暗暗地抄录、保存、传阅。"你很快就会忘记一切，一切也很快就会忘记你"(《沉思录》，7–21)，马可这一感悟受到了事实极具讽刺的背叛，他的手稿在他死后离开了他，他的声音走上了传承之旅。但是此后，究竟走过了什么样的旅途，我们目前找不到任何记录或证明。在皇帝死后近两百年的时间里，《沉思录》的传播途径现在依然是个谜。

## 有关此书在古代、中世纪时的传播

此后，只有逍遥学派哲学家忒弥修斯提到古代曾有过一本名为《沉思录》的书，他称其为马可的《格言集》(*parangelmata*)。但在之后的5个世纪里就再也没有任何关于《沉思录》的消息了。终于在拜占庭时代的古典学词典《苏达辞书》(*Suidas*，约公元900年)中提到了本书手抄本的存在，(在《苏达辞书》的第1、3、4、5、9、11卷中)共有13处引用，并称本书为"马可皇帝的人生'指南'(agoge)全12卷"。同一时期，卡帕多西亚主教阿里萨斯在遗嘱中告诉友人季米特里奥斯自己拥有"这本堪称伟大的书"的手抄本，但由于保存状况不佳，所以重新抄写了一本赠予友人(公元907年)。值得注意的是，阿里萨斯在卢西亚诺的注释版本里三次称此书为"写给自己的道德书"(ta eis heauton ethica)。由此可以推出，在拜占庭帝国自公元10世纪以降，流传着以"ta eis heauton"为题的12卷本马可皇帝的著作。

250年以后,君士坦丁堡的文法学者策策斯曾引用过《沉思录》第4、5卷的部分内容。再经过150年到约公元1300年时,教会史家尼斯福鲁斯·卡利斯托·科洛桑普洛斯称"马可皇帝为其子写了一本充满世俗经验与智慧的训谕书"[《希腊教父大全》(*Patrologia Graeca*),米涅(Jacques-Paul Migne), pp.145, 960]。几乎同时,君士坦丁堡的修道士普拉努得斯从事文选编纂工作时,收录了阿里纳斯和马可的若干篇文章,也有《沉思录》第4至第12卷44篇文章的摘要。公元14—16世纪,《沉思录》有25种以上的手抄本,基本可以认为都来自上述版本。

与此相对,在拉丁语世界中,至公元16世纪为止马可的著作一直默默无闻。约翰纳斯·卢希林(1517年)曾在《喀巴拉术》[1]中引用过《沉思录》的两处文字,据推测这来自他私藏的抄本。

## 手抄本与印刷版本

《沉思录》的近代印刷本最早是由瑞士的出版人克叙兰德(Xylander,本名Wilhelm Holtzman)出版的。他以包含全12卷《沉思录》的唯一一种手抄本(P: Codex Palatinus)为底本,发行拉丁语对译本(苏黎世,1559年)。后由于手抄本遗失,这个印刷版本就相当于初始版本(editio princeps)了。除此以外包含全部12卷的手抄本只有一种(A: Codex Vaticanus 1950)。这是公

---

[1] 犹太教的神秘主义哲学,西洋术数。——译者注

元14世纪的手抄本，由于保管不慎和磨损造成的各种字句缺漏总计有42行。《沉思录》文本的校勘工作，主要基于P和A这两种手抄本进行。由于手抄本数量很少造成难解语句较多，不同译者的翻译和理解有较大差异。其他可信的手抄版本有以下几种，虽然都有残损，但由于属于其他流传系统，在校订之时具有重要的参考意义。

D: Codex Darmstadtinus 2773，公元14世纪，为第1至第9卷112篇文章的摘要。

C: Codex Parisinus 319，为第1至第4卷29篇文章的摘要。其他7个版本同属于本系统。

M: Codex Monacensis 323，公元15至16世纪，包括第2、3、4、7卷中较短的14篇文章。

关于手抄本的评价和文本的校对，列奥波尔德（J. H. Leopold ed., *M. Antoninus Imperator Ad se ipsum*, Oxford, 1908, pp. iii–xii）和海恩斯（C. R. Haines ed., *The Correspondence of Marcus Cornelius Fronto*, p. xvi）做过简短的说明，埃尔卡森的序文（pp. xx–xlii, 1944）以及最近托伊布纳文库的道鲁芬序言（pp. vii–xxv, 1979）都有很详尽的说明。

图1为手抄本A第11卷第34章至第12卷第2章的部分。

克叙兰德的印刷版本在发行后大受好评，也被翻译为各国语言。不仅是英、德、法、意等西欧语言，甚至还有俄罗斯、捷克、挪威、波兰以及波斯语的版本。仅在英国，17世纪就有26

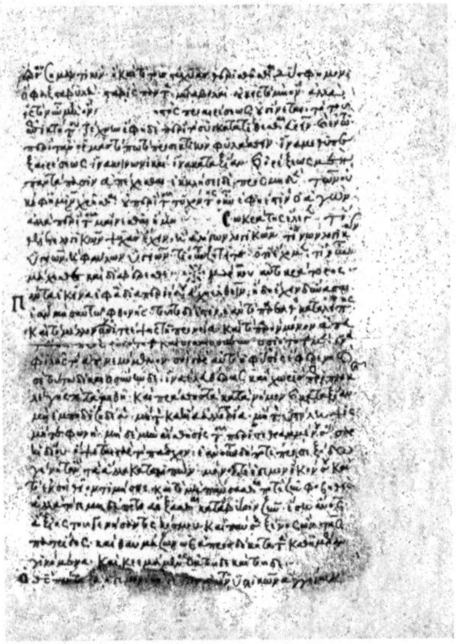

图1 《沉思录》的手抄本（A：Codex Vaticanus Graecus 1950, fol. 389 recto）

出处：Arthur Spenser Loat Farquharson, *The Meditations of the Emperor Marcus Antoninus*, vol. 2, Oxford, 1944.

种版本发行，18世纪有58种，19世纪有81种，在20世纪最初8年甚至达到30种以上（J. W. Legg, *A Bibliography of Marcus Aurelius*, 1908）。

手抄本最初没有划分篇目，仅有段落的区分。因此16至18世纪的版本都对文本进行了各种各样的切分尝试。其中托马斯·盖特克（Thomas Gataker）添加了详细注释的拉丁语译本（剑桥，1652年）的章节划分是最为普及的，直到今天仍在使用，但不同的校订版本仍有一些区别。也就是说，现行的章节划分并非作者自己划分的，写书时马可并没有按章节编排内容的意思。皮埃尔·阿多认为现行版本的章节划分存在诸多问题，如将不同主题放在同一章,或将连续的内容打断等,应当进行全面的修订。

**多种翻译尝试**

《沉思录》最早的英译本是由梅里克·卡索邦(Merrick Casaubon)翻译的(伦敦,1634年首版,1900年修订再版)。但是对这一里程碑式的译本的文体和正确性,有正、反两种观点。随后出现的是杰里米·柯里尔(Jeremy Collier)的译本(1701年),以文风流利典雅著称。这一版本虽然有马修·阿诺德这样的支持者,但更多人认为他对希腊语缺乏正确的理解,因而也受到严厉批评。对此詹姆斯·摩尔(James Moore)与托马斯·哈奇森(Thomas Hutchison)共译的版本(1742年首版,1902年修订再版)在引人入胜的文风与保持词意的正确性中选择了偏向后者,但在读者中仍然存在支持和否定两种声音。

划时代的《沉思录》英译本是乔治·朗的版本(伦敦,1862年)。堪称"钦定版本"(Authorized Version)的朗氏译文,也曾被阿诺德讽刺为玄学意味过重,但其译文的正确性与稳健的文体使其在40多年的时间里一直被看作权威版本。该版本的特点是忠实地反映了原文风格,对佶屈聱牙之处也并未用夸张的文体糊弄了事,而是尽量给予收敛的表达,对文体风格给予了细致入微的体察。

进入20世纪后，出现了基拉尔·兰德（Garrard Lendor）的译本（伦敦，1898年首版，1901年再版）、约翰·杰克逊（John Jackson）的译本（牛津，1906年），还有海恩斯的希英对译本（"洛布古典"丛书，1916年首版，1930年修订再版）和法夸尔森（Arthur Spenser Loat Farquharson）附有详细注释的希英对译本（牛津，1944年）。现在（2008年）最为普及的新版英译是马丁·哈蒙德（Martin Hammond）的译本［迪斯金·克莱（Diskin Clay）导读，"企鹅古典文库"，企鹅出版社，2006年］。

自卡索邦以来这些有代表性的英译本已重印多次，不同版本中保存着历代研究者的修订、解说和序言，令人惊讶的是今天这些版本的纸版书都可以买到。甚至朗氏译本在网上也可以买到电子版本（详见本书最后的参考文献）。

随着近代日语翻译走向成熟，我国终于在进入大正时代后首次（与爱比克泰德的译本类似）出现了由英译本转译的《沉思录》若干版本，二战后随着西方古典哲学研究的发展和兴盛，原典翻译也成为可能。

# 第 6 章 | 关于《沉思录》(二):为谁而作?为何而作?

## 标 题

该书原题(ta eis heauton)为希腊语,意为"给自己的东西"。对此有两种解释:(一)将其解释为"为自己而写的笔记,个人札记",自古以来被看作"对自身的训诫",有研究者对各种物证进行了综合考察(Trannoy ed., *Marc Aurèle, Pensées, Préface d'Aime Puech*, 1925, p. ii);(二)认为这是区别于公文的皇帝"私人文件"。而从内容性质看,则有第三种看法:认为这是与自己的对话(Selbstgespräche)、自我省察(Selbstbetrachtungen)或者是内观、冥想(meditations)。部分日译本标题"自省録"就是沿着这一阐释路径译出的。战前这本书也曾被译为"冥想録"或"瞑想録",这或许是对英语或法语(Pensées)的直译。由于不确定最早的译法出自何处,所以二战后的通行译法为"自省録"并沿用至今。

但事实上这本书的标题是谁、在什么时间、出于什么目的添加的呢?这与本书是如何成书、应当如何阅读、实际上又是怎样被阅读的等问题有密切关系。

在现代，书籍的标题自然而然是作者根据其著作内容进行规划并预想着读者的接受情况拟定的。且书籍也是商品，因此有时出版方的编辑也会建议起一个对销售有帮助的书名。但是在古代，事情就没么复杂了。作为"戏剧作家"的柏拉图可能是自己拟定书名的。但这个书名大多只是用人名来概括，比如莎士比亚作品常用某一个出场人物的名字来命名，或者苏格拉底的作品就用一个对谈者的名字（例如《美诺篇》和《拉凯斯篇》）命名，书名并不提示文章内容。由此可见，柏拉图对话录的副标题（如关于"谈灵魂""谈美"的篇目）可能是后人添加的。现存亚里士多德著作的标题，应是在每篇论稿写就之后，在编辑整理过程中根据文中内容添加的。马可皇帝的侍医克劳狄乌斯·盖伦和哲人普罗提诺（约公元205—270年）都留下大量的遗著，现已知他们将自己的亲笔原稿交给熟人时并未添加任何标题。这种没有标题、并未仔细考虑过公开发表的手稿多被称为"手记"（hypomnemata）。

假如马可自己最初并没有公开发表"著作"的意图——与个人日记和备忘录没有标题相同——那么当时他应当未给文章添加标题。因此标题可能是根据编者的判断添加的，也有可能是在此后的传承过程中为了方便阅读添加的。由于阿里萨斯主教曾提到过"ta eis heauton"这一标题，据此推断公元10世纪拜占庭时代的《沉思录》手抄本上应当已经添加了标题。最早的印刷版本（克叙兰德编）所依据的手抄本（P: Codex Palatinus）上有这一标题,虽然手抄本本身下落不明,但以后的印刷版本里都延续了这一标题。

另外一个包括《沉思录》全文的权威手抄版本(A: Codex Vaticanus 1950)上并没有标题,之后新的印刷版本发行之时,又添加过各种各样的标题。克叙兰德将拉丁语译本的标题定为"关于他自己,也关于他的一生"(De se ipso seu vita sua)。卡索邦将《沉思录》英希对译版(1643年)的标题定为"关于他自己,以及他的自我审视"(De seipso et ad seipsum),在英译本(1634年)中却定为"关于他自身的冥想"(Meditations concerning himself),自18世纪以降,这本书每次以各种语言重印时都会被添加上不同标题。现将西欧语种中主要的标题列举如下——

**拉丁语版:**

*De officio vitae*(《有关人生的义务》); *Pugillaria*(《祈愿书》); *Commentaria quae ipse sibi scripsit*(《为自己写下的手记》)

**英语版:**

*Thoughts; Meditations; To Himself; Conversations with Himself; Communing with Himself*

**德语版:**

*Selbstbetrachtungen; Selbstgespräche; Weg zu sich selbst*

**意大利语版:**

*Pensieri; Scritti; Ricordi; A se stesso; Colloqui con se stesso*

**日语版:**

《瞑想録》《冥想録》《不動心》《自省録》

由此可见，各国语言的标题之间都体现了与著作内容相对应的关联性。近年来，日语版用"自省録"对应英译本的"Meditations"基本已经成为定例。

## 希腊语

马可以自己是罗马人而自豪（《沉思录》，2-5、3-5），但是如此私人性的作品却意外地全部由希腊语写成。这是何故？第一，希罗多德·阿提库斯、安尼乌斯·梅勒、卡尼尼乌斯·凯勒等当时的一流学者都学习希腊语修辞学，精通希腊语（《哲学家马可·奥勒留的生涯》，2）。第二，当时的罗马是多语言社会，在哲学方面主要使用希腊语。使用希腊语写作哲学著作的学者，如同时代的克鲁图斯、穆索尼乌斯·卢福斯或爱比克泰德（阿利安为其执笔），几乎都可以达到与卢克莱修、西塞罗、塞涅卡同等的水平，用希腊语阅读和写书。而判断（hypolepsis）、表象（phanatasia）、可以把握（kataleptike）、主导部分（hegemonikon）等斯多亚哲学的术语有无法用拉丁语翻译的意涵。这好比医生将疾病的名称和处方写在病历上时，有关专业领域的特殊用语则直接用外语词写更方便。从这个意义上讲，假如马可不单单是把每天发生的事情和个人的感想记录下来，而是有意用斯多亚哲学对生活进行规制和自我修炼的话，那么使用希腊语写作就是自然而然的了。实际上西塞罗曾用拉丁文表达老加图（Cato Maior，公元前234—前149年）的爱国热情，但在同时代，即便是曾尝试用拉丁语韵文改写爱比克泰德派的自然学说的卢克莱修都在长诗的序文中感叹："由于事件的新颖和拉丁语词汇的贫乏。"把希腊人的发现用拉丁语诗的形式表达出来是很困难的（《关于事物的本性》，1, 136-139）。

但是关于本书的创作意图，奥勒留并没有给出明确的提示。即便书中有一部分表达体现出预设读者的立场，但从全文来看本书仍应该是以对自己的训诫（parangelmata）为主。与意识到特定读者的研究论文、讲演录、教科书不同，本书没有成形的体系或结构，内容多有重复，是极为私人化的手记的集成。从与老师弗朗特之间的往来信函（现存7、8封）可知，马可本身就热爱写作。但是想到研究学问只是为了自己的虚荣（《沉思录》，8-1），便不得不放下对于书籍的嗜好（《沉思录》，2-2、3-14），忠实地执行自己的责任义务，这位哲人皇帝只能在极其有限的闲暇时间写作，这一行为本身就是从个人的立场（《沉思录》，6-44）完全按照自己的心意面对自己，或许可以说是一种救赎的契机吧。"你若相信自己做的是最有价值的事情，你对此深信不疑的时候，也就是它阴谋得逞的时候"（《沉思录》，6-13），"牢牢记住吧，退隐到实在地属于你的小天地里去"（《沉思录》，4-3）。

**战场上的著书者**

执笔之时,马可应该正日夜坚守在国防第一线,但他在书中很少提及自己作为最高指挥官的身份,自己在战场上的经历以及作战计划。虽然书中确实有一些篇章反映他在面对残酷战争场景时的感悟,如"如果你见过被切断的手足,或者被砍下的头颅,身首异处的景象(中略)将自己与人类隔绝开来,那么他的所作所为也就无异于自断手足"(《沉思录》,8-34);"不要不好意思向别人求助,因为你必须像受命进攻城池的士兵一样,完成你肩上的重任"(《沉思录》,7-7);"人生是一场战争,一段旅途,身后的名声也只会渐渐湮灭"(《沉思录》,2-17);"此刻你的生命已经结束,此后的岁月是神额外恩赐给你的"(《沉思录》,7-56)。从这个意义上看,"完全没有涉及任何有关战争的发展、战略内容的《沉思录》,如果没有作者的作战体验却是无法写出来的"[盐野七生,《罗马人的故事》(第11卷),《终点的起点》,p. 173]。

**文体特征(类型)**

那么应当如何理解《沉思录》的文体呢?初始版本的编辑克叙兰德曾认为该书欠缺柏拉图或西塞罗那样在文学结构上的完整度,现存的文本不过是从皇帝著作中提取出来的粗糙的"摘要"。这是由于在16世纪时，对哲学著作已经要求完备的体例结构了。卡索邦对此则认为，可以把《沉思录》看成由泰奥格尼斯（Theognis）或福西尼德（Phocylides）的那种古典文学风格发展而来的格言警句集。也就是说，这本书与爱比克泰德的《提要》相似，古代哲人认为与体系化的论述相比，他们更习惯简洁且能够振聋发聩的文字，况且只要通篇阅读，就可以提炼出其中一以贯之的思想。对《沉思录》进行过详细注释的托马斯·盖特克强调了此书的个性魅力。与爱比克泰德的《语录》有阿利安为其代笔（好比色诺芬或四大使徒）相比，《沉思录》则是皇帝忠实按照自己的想法自己书写的。因此阅读此书时只要按照书写时的顺序排列篇章，对跳跃、省略、重复保持耐心就足够了。

与上述看法相对，文献学者卡斯帕·巴尔蒂（Caspar Barthius, 1624年）则回到克叙兰德的思路上，将隐藏在书中的各种线索连成一条长线进行推论，并认定这部作品是具有宏大体系的伦理学著作的摘要（eclogai）。让‑皮埃尔·德·乔里（Jean-Pierre de Jory, 1773年）认同这一观点并进一步指出，马可原本计划写一部成体系的著作，但他死后原稿遗散，后代编者对残存的遗稿进行编辑形成了我们今天看到的文本，并认为"原著"应共有35章。

法夸尔森的现代式研究（1944年）也对这种认识倾向进行了总结。据他推测，在10—15年的时间里，马可都在为写成一部"慰藉和激励自己的书"积累各种材料。其证据是，《沉思录》中随处可见有意识运用文学性表达的篇章，可能在皇帝死后，其秘书从遗稿中整理出了摘要。现存文本之所以是无序的，可能有很多原因，如秘书摘抄时打乱了原稿的顺序，他的摘抄很拙劣，或者经过漫长的传承岁月，后来的传抄者对其进行了篡改等。无论是哪一种原因，都不影响马可原本的意图就是要写作一部能够应用到生活中的思想指南。法夸尔森对照的是沙特尔的修道士吉戈（Guigo）的《瞑想录》（*Meditationes*，1110年）、托马斯·布朗（Thomas Brown）的《医师的宗教》（*Religio Medici*，1641年）以及最重要的帕斯卡的《思想录》。

在19世纪浪漫主义的时代，作品的不统一或非体系性不会被看成瑕疵。马可狂热的读者，有名的宗教史学家欧内斯特·雷南（Ernest Renan，1823—1892）曾这样说过："马可从年轻时就开始持续写作的个人日记，隐晦地表露了自己的内心。这些激励自己奋进时的格言警句、读书心得、印象深刻的哲学家名言、自我行动的原则，以及偶有的对自己的斥责都用希腊语精确表达出来。"[雷南，《马可·奥勒留与古代世界的终结》（*Marc Aurèle et la fin du monde antique*），p. 22]

《沉思录》确实可以被划分为"日记"这种文体类型（G. Misch, *Geschichte der Autobiographie*, 1951, p. 449），也可以被看成"心灵日记"（P. A. Brunt, "Marcus Aurelius in his Meditations", *Journal of Roman Studies*, 64, 1974, pp. 1–20）。但是皮埃尔·阿多并不认同雷南的观点，他认为"将自己的心情或思维活动的电光火石如实地记录下来"这种假设不可能发生在马可身上。雷南想象的马可是浪漫主义文学的主角阿米埃尔[1]或盖兰[2]那样整日陷于不安与苦闷中的"困窘的灵魂"。阿多是晚于雷南的20世纪的历史学家,他对马可下了一个冷静的结论:"在日记中吐露忍耐、怨怼、悲观的心情,是对现实无声的自我安慰,这一孤独的皇帝形象无意识地投射出现代人的自我形象。"

## 笔 记

现存的《沉思录》共12卷文本中,只有回顾恩师与家人恩情的第1卷内容与众不同,当然这一卷也有可能是后人添加的。除此以外的每一卷,虽然主题多多少少略有差异,但是没有绝对不同的内容。从文体上看,全书都是短篇札记,乍看会觉得过于简单不吸引人。但是仔细观察,就会发现其中也有预设了读者因而大事修辞的章节。

一切都稍纵即逝,无论是记住这些的人,还是那被记住的一切。

——《沉思录》,4-35

最高尚的报复方式是不要变成你的敌人那样的人。

——《沉思录》,6-6

[1] 安里·佛烈迪克·阿米埃尔(Henri Frédéric Amiel, 1821–1881),瑞士哲学家、批评家、诗人。
[2] 莫里斯·德·盖兰(Maurice de Guérin, 1810–1839),法国诗人。

你很快就会忘记一切，一切也很快就会忘记你。

——《沉思录》，7-21

　　这些内容虽然很短，但给人留下深刻印象，这样的名句在《沉思录》中非常多，也是该著作最大的魅力所在。与此相对，书中也有独立篇目长达20行甚至60行的长篇内容。此外也断断续续地有作者对诸位悲剧作家、柏拉图、爱比克泰德的文本的摘抄（《沉思录》，7-35至7-51、11-22至11-39）。这些篇章的叙述是杂乱的，有很多重复的内容。那么应如何评价这些无序的篇章呢？

　　最近的研究表明，对作者不关心文体这种成见，可以从文艺批评的角度，用作品中道德劝说时所使用的特殊比喻和修辞手法进行驳斥。阿多特别关注《沉思录》中"笔记"与死亡的关系。

　　不要再放任自己，四处游荡了；因为你可能读不到自己的笔记（hypomnemata）了，再也不能读古代罗马和希腊人的历史，或者你摘录出来准备晚年再读的书籍笔记。那么抓紧时间吧，朝你的目标奔去，丢开无用的希望，如果你还在意自己的话，就赶快行动，趁这一切都还来得及。

——《沉思录》，3-14

丢开你的书吧，不要再虚耗经历，不能再这样下去。

——《沉思录》，2-2

抛开你对书本的渴望，这样你就不必在喋喋不休的抱怨中死去，而是怀着真正的欢欣和对神明的虔敬感激离开人世了。

——《沉思录》，2-3

阿多认为，自年轻时就热爱读书与写作的马可，当他自觉死亡的威胁日益迫近时，对"阅读的目的"的看法会产生很大变化。这不是一本随兴所至、涉猎广泛的读书笔记或日记，而是以一种不可缺少的理性约束进行自我审视时留下的只言片语——因此这是一份未经推敲的"笔记"。也有其他作家的发言对这样的想法进行佐证。

只要读到或从别人那里听到有保存价值的东西，我便凭着模糊的记忆，即便顺序杂乱也要赶紧先记下来。

——革利乌斯，《阿提卡夜话》

因此，在当时的文献中有很多作品在开头都写着"本书是不连贯的、信笔写下的东西"。马可的作品正是这种未经反复推敲的笔记。但这并不意味着作品中的文章是未经锤炼的。相反对他来说这些内容都已铭刻于心，因此他才能以细致的笔触写下这份自我修炼的记录、与自己内心的对话。

从以上的考察中总结一下目前的结论。皇帝大概用羽毛笔和蜡版这些便于携带的书写工具亲笔写下了原稿，每天都坚持写一点点，但是并未做公开发表的准备，也并未整理成成体系的文章。因此他并未期待后世会有一代又一代的读者，把写给自己的笔记展示给读者是违背其初衷的。但其成文并不是杂乱无章的堆砌，也并非感情迸发时的一气呵成，在文中随处可见有意识地在修辞上进行约束、锤炼的文字。这是由于他对文章所具有的精神上的影响力有充分意识的结果。

## 自我对话的话语空间

在我们能够看到的历史上公开发表的著作中，因描述与自我的对话而成为思想史上的里程碑、印刻着柏拉图主义的教父哲学的杰作，应该是圣奥古斯丁的初期作品《独语录》(*Soliloquia*)吧。这部有意识继承西塞罗文体，具有高密度文体结构的作品是这样开场的：

当很多事情在我心里翻腾，当一连好些天我孜孜探寻我的自我、我的善，以及那该摒弃的恶，总有一个声音在对我说话——它是我自己，还是内在或外在于我的别的某物，我尚不知道，因为它正是我要力图发现的。[1]

欧美研究者将《沉思录》作为"与自己的对话"(Selbstgesprache)来理解时，显然受到圣奥古斯丁的巨大影响。但是必须注意到两者之间存在微妙且具有决定性意义的差异。对话双方立场并非对等，而是其中某一方掌握主导权。马可皇帝对

---

[1]《独语录》译文参考成官泯译本，上海社会科学院出版社，1997年。——译者注

自我进行审视，充满勇气地用"你"来开始与自己的对话。此时发话方认识到自己（灵魂）的存在，与其进行理性对话。但圣奥古斯丁的自我则是被动处于"听话者"一方，对于突然灌输给自己的理性（ratio）只能被动接受。而记录对话的则是另一位（外在的）圣奥古斯丁，他如同速记员或同声传译，只是从第三者的立场把内面的对话记录下来。这样对话内容与自我的距离过近了。他必须小心翼翼地把对话转达给内心的自己，由此"聆听的自我"和"书写的自我"是无限接近的。因此，这样的对话是彻底排斥了外界杂音、在完全孤独的状态下进行的。

圣奥古斯丁还有其他著作，他有在主教这一职位上，对前来忏悔的教徒进行长篇说教，并以口述的记录为蓝本加工整理而成的作品（如《诗篇注解》等谈话和注释书），也有在经过反复推敲之后在修辞方面至臻完善的作品（如《忏悔录》）。而新柏拉图主义的宗师普罗提诺则由于视力较弱，在形成想法后也不拘泥于文章结构是否成熟，修辞也不甚讲究，一旦下笔便一气呵成，不会再次修改，因此他的作品看起来很容易被误解为是从其他书里抄来的（波菲利，《普罗提诺传》，8）。

无论其内心如何戏剧化，奥古斯丁《独语录》的对话形式具备预想读者这一最常见的"著书"特征。相对来说，《沉思录》则从一开始就未计划将此书分享给读者。这部原本并不打算给其他人看的私人记录，还时时透露出忧郁的基调，尽管如此抑或正因如此，这本书才成为跨越时代的精神食粮，受到一代又一代读者的喜爱。其秘密究竟是什么呢？其关键可能在于与思想内容相适应的独特文体。

《沉思录》全文都在与第二人称"你"这唯一的读者的对话中进行。这也是书名的由来，但究竟是谁对谁说话，在这一点上隐藏着一种奇妙的多重结构。具体说来：

（一）皇帝反复对自己说要摒弃虚荣心和愤怒，重返"自身的神性"（《沉思录》, 3-4）和"内在的神明"（《沉思录》, 2-13）。他冷静地对善恶进行分辨，并进行思维训练，要求自己把一切都看成主观表象（《沉思录》, 2-15），"你面对的现实，也正如同你梦中面对的景象"（《沉思录》, 6-31），这种文体适合表达作者与内在自我的内省式对话。

但是随着阅读的逐渐深入，读者就会感受到：

（二）皇帝与自身进行私密对话的视线和声音："过一种高尚生活的力量潜藏在灵魂中。但必须要能做到对无关紧要的事淡然处之"（《沉思录》, 11-16），"你能够完全摆脱掉那些仅仅存在于幻想之中的、不必要的烦恼"（《沉思录》, 9-32）。岩波文库版的译者神谷美惠子引用这些章节时也感叹道："这些话是皇帝对自己说的，但不可思议的是这些话好像也是在对我说的。"（《遍历》，美铃书房，p.89）即便到了今天，热心的读者在读后也会有同样的印象和感受吧。

（三）因此读者在皇帝的劝说下开始审视自己的内心后，就会逐渐感到这个声音也是自己内心发出的声音。如同上文的介绍，读者会突然产生一种不知道什么人在与自己的内心对话的感觉，这种体验就类似于《独语录》中圣奥古斯丁的语体制造出的感受。

如同空谷中的回响,此时文本中的语言就会与自己的思考(一种对话)重叠,两条平行线就重合在一起了。文本中发出的训诫,无论是关于思想方法还是行动的,无论这个训诫多么严厉,绝不会产生类似教师或长官发话的压迫感。在此你会感受到对良心(conscientia)的呼唤,试图让自己从沉睡中觉醒,成为崭新的自己。神谷从这样的读书体验中感受到"如何对待身外之物,检视自己的'对待方式'是非常重要的。此后,一直躲在黑暗角落的自己逐渐变得开朗,愿意与人交往了"。"我从现实是一出悲剧的想法中解放出来,理解了'生命的重量'。""多愁善感的我变得更加理智冷静了,心胸也更加宽阔了。"这应该是最幸福的阅读体验了。

人称的分裂好比在洞穴中听到自己的回声,或者在镜子中看到自己的样子。这就是《沉思录》这种极其少见的文体产生的核心阅读效果。原本书中的内容是不足为他人道的,从这个意义上说皇帝的"日记"与启蒙思想家卢梭的《忏悔录》不同,后者是通过对自我丑态的赤裸裸的展示来获得读者共鸣的,展现出一种近代式自我。但是能够唤起读者内心积极回应的皇帝的"内心日记",与读者的共鸣好比两根相近的琴弦渐渐靠近,通过共振产生悠长的乐音,获得了读者持续不断的喜爱。而令人惊讶的是这些读者中,某种程度上也可以说是理所当然地,包含了许多基督教徒、佛教徒以及阳明学者。

# 第 7 章 | 皇帝的圣像,我们看到的马可·奥勒留像

马可皇帝凭一本《沉思录》在思想史、文学史上获得不灭的名声,同时也因为他身处罗马帝国兴衰存亡的紧要关头,而在政治史上占有重要地位。与解放奴隶出身的爱比克泰德不同,作为皇帝,有关他的史料非常丰富,并且还有一些关于他的雕像,让我们在今天也可以看到他的样貌。在此我们简单概述一下关于马可的视觉形象。

## (一)骑马像

竖立在卡比托利欧广场的骑马像(参考本书卷首插图)非常有名。这是现存唯一一座铸造于帝政时代的皇帝青铜骑马像,这尊青铜像不仅展现了他的英勇风貌,其铸造技法也在美术史中具有重要意义。雕像表面原本全部镀金,立于近卫骑兵队的兵营中,后为了纪念公元 166 年前后帕提亚战役的胜利,据说被置于当时为庆祝军队凯旋而修建的凯旋门(triumphal arch）之上。

皇帝面容沉静，左手执马鞭，身体微微偏向右侧，向前伸出的右手似乎在向沿途欢呼的群众致以回应。他并未身着铠甲，而是非常日常的打扮，在短袖上衣上披着一件单薄的外衣，未配马鞍，坐在马背的垫子上。马轻轻地抬起右侧的前腿。雕像比真人要大很多，应该是为了造成自下而上仰视的效果而设计的，是将人尊贵的地位、威严的神情以及马微妙的动态浑然一体表现出来的名作。

在传承过程中，超过20座历代罗马皇帝的骑马像大多在战争时期遭掠夺和破坏（熔解），仅有这一座（有可能是因为被误解为君士坦丁大帝像）在基督教"偶像破坏运动"的风暴中得以幸免。公元10世纪以降，这座雕像一直被放置在罗马南部的拉特朗宫（Lateran Palace）前的广场上。菲利普·利比（Filippo Lippi）的油画（1488年）描绘了这一场景。罗马市重建之时米开朗基罗重新发现了这一雕像的价值，在他的建议下，1538年教皇保罗三世将其移到现在的所在地。

这座雕像作为"帝王骑马像"的代表受到喜爱，对意大利各地的君主像以及沙皇俄国的彼得大帝像等欧洲各国雕像也都产生了影响。常年经历风吹日晒，布满尘埃锈迹斑斑，面目也日益模糊的雕像1990年修复后被移至相邻的美术馆中。现在矗立在广场上的是精巧的青铜复制品。在同一时期，意大利也向美国费城捐赠了雕像的复制品。

## (二)圆柱

立于罗马圆柱广场、现总理府(又名基吉宫,Palazzo Chigi)前的奥勒留圆柱上的浮雕图案表现了达尔马提亚战役的情景,与表现帕提亚战役的图拉真圆柱形成对照。它由一组自下方螺旋上升的浮雕群组成,像走马灯或绘卷那样展示着完整的战争图景。这根圆柱的制作完成于马可去世之后(公元193年)。超过一百幅的图像描绘了公元169—175年的种种战争场景,对其内容的解释至今仍存在很多争论。无论如何它都是政治史上的重要史料。

图2 奥勒留圆柱(罗马圆柱广场)。浮雕图案自下方向上螺旋式上升。共描绘了120幅左右的战争场景。

图3 第15幅场景,描绘了公元172年与夸第族的战斗最激烈之时,突然雷雨来临,在敌军骑兵队围困中饱受酷暑折磨的罗马军队得以重整旗鼓的场面。画面上方张开双臂的雨神下方是罗马的步兵和敌军的战马。

图4 第25幅场景,右侧被缚住双手的蛮族酋长被带到皇帝面前,中间面向右方的马可皇帝身着铠甲,一手执枪。其身后可能是副官赫利乌斯。画面上方的军营中,士兵正通过手推车搬运武器和酒桶。

## （三）钱币

当时的钱币上刻有皇帝的头像和铭文。自马可 17 岁首次被刻在钱币上（公元 139 年发行）起，他一生中共有 5 次（后来的 26 岁、37 岁、48 岁、56 岁）被刻在赛斯特斯银币（sestertius）和大型钱币（medallion）上。此外皇后福斯丁娜和孩子卢西娜、康茂德也都曾被刻在钱币上。钱币的铸造技术和白银含量也是反映当时经济实力的指标性史料。

图 5　赛斯特斯银币，公元 139 年发行，马可 17 岁。

图 6　赛斯特斯银币，公元 147 年发行，马可 26 岁。

图 7　大型钱币，公元 159 年发行，马可 37 岁。

图 8　大型钱币，公元 170 年发行，马可 48 岁。

图9 大型钱币,公元178年发行,马可56岁,康茂德(右)16岁,彼此面向对方。

## (四)小像

在黏土或木雕上施以颜色的半身像。民间曾有将神化了的皇帝雕像与罗马守护神的雕像摆在家里的习俗。尤以马可皇帝的雕像在民间最受欢迎(《哲学家马可·奥勒留的生涯》,18)。这些雕像都很便宜,在市场上或商店里很容易入手。

## (五)电影中的马可皇帝

以上都是皇帝在世时的造像,另外还有以这些形象为蓝本,在现代塑造的皇帝形象。下面将介绍比较新的三部电影。

**《罗马帝国沦亡录》(安东尼·曼导演,1964年,180分钟)**

这是由吉本的巨著改编的"史诗级巨作"。电影具有"黑白分明的史观",马可皇帝(亚历克·吉尼斯饰)决定将王位传给两袖清风的勇将利比亚斯(斯蒂芬·博伊德饰),康茂德(克里斯托弗·普拉莫饰）违背其遗愿，篡夺帝位，在他的妒忌和暴政下，最终让帝国走向灭亡。影片中善恶两方之间有清晰的界限：阴险愚蠢的康茂德是皇后的私生子，皇帝想要让位给利比亚斯遭到近臣反对而被暗杀（毒杀方法参考了《哲学家马可·奥勒留的生涯》第 15 章中描述的手段）。

巨型布景、8000 余名群众演员来表现的宏大的战争场面，俊男美女的浪漫爱情——这是以往好莱坞大片的俗套，今天看起来似乎有些滑稽。但是影片对身染重病自知时日无多的皇帝内心苦闷的展现，还是非常动人的。让女儿卢西娜（索菲亚·罗兰饰）与亚美尼亚国王进行政治联姻的奥勒留对女儿说："人难免一死，最终都会化为灰烬，你要学习怜悯与共情。"而在近臣们谋划暗杀之后的雷雨夜，马可独自在房间里自问自答的样子，完全是将《沉思录》中描述的状态影像化了。电影里充满了"何谓奴隶？何为主人？""不读书不思考何以为人""自然毫不吝惜地将花蜜馈赠给蜜蜂""为了罗马万死不辞""变化无常的命运啊，我已经做好准备"等简洁有力的台词。

特别是皇帝将桌上的纸片卷起来放入纸夹中，并交给卢西娜说"这是作战期间写好的，拜托你保管"这一场景，是在考察了《沉思录》成书历史后的生动演绎。在电闪雷鸣中迎来生命终结的场景也有史实依据，同时做了戏剧化的演绎。亚历克·吉尼斯不愧是著名演员。

### 《角斗士》（雷德利·斯科特导演，2000 年，171 分钟）

这是近年来在日本也非常有人气的巨作。与上一部影片相同,该片中康茂德(杰昆·菲尼克斯饰)也被描绘成残忍冷酷的反面角色。影片的开头,白发的马可皇帝(理查德·哈里斯饰)在白马上一边咳嗽一边凝视着在白天依然昏暗的森林中不断发生的与蛮族的激烈战斗,脸上浮现出悲伤的神色。小雪纷飞的初春,军营中充满了伤残的士兵,而另一边在元老院中,议员们则以明哲保身的态度与政敌虚与委蛇。深夜的军营中,在孤独的烛光下专心写作的老皇帝充满了忧思。

自感死期将至的皇帝,看好勇猛清廉的前线指挥官马克西姆斯(罗素·克劳饰),与他共话恢复共和制的大计,宁愿让亲生太子让位于他。得知此事的康茂德在憎恨和绝望之下勒死父亲,并将其伪装成自然死亡的样子,进而篡夺帝位,并在一直对自己阳奉阴违的阴谋家姐姐卢西娜(康妮·尼尔森饰)面前逮捕了表示反抗的马克西姆斯一家,马克西姆斯侥幸逃脱,但故乡的妻子惨遭杀害。影片的后半部被贬为奴一直过着流浪生活的马克西姆斯终于成为一名角斗士,在与爱好决斗的康茂德的对抗中将其杀死,实现了复仇。这是一部情节简单明了的故事片。

深夜里,一边谈论着康茂德的愚蠢,一边把这个责任扛在自己身上的年迈的皇帝,与代表斯多亚派智慧的哲人皇帝形象相距甚远,这只是一个在父子之间的爱憎关系中自我拉扯的平凡的父亲形象。不被父亲疼爱的儿子与父亲之间的纠葛、弑父、"该隐与亚伯"以来兄弟间的妒忌、杀妻之恨的男子的复仇……将家庭问题放在帝国政治的宏大背景中进行展现,与前一部作品相比,这部电影呈现出这样的特征。

**《乡愁》**（安德烈·塔科夫斯基导演，1983年，126分钟）

与前两部娱乐性较高的历史题材电影相比，这一部是没有明确的叙事线索，却构筑了多重意象空间的实验性作品。电影里出场的马可·奥勒留并非真人，而是前文提到的卡比托利欧广场上的骑马像。

在这部讲述一个发生在罗马的故事的长篇作品末尾，主人公之一多米尼克（厄兰·约瑟夫森饰）用升降机爬到骑马像顶端开始演讲。戴着毛线帽的老头子跨在马背上、坐在皇帝身后，一边散发传单，一边像先知一般大声疾呼。而他脚下的广场和台阶上有三三两两的行人，以各种各样的姿态看着他，好像在听他讲话又好像没听。这是无法表述的空虚之境。荧幕上渐渐显出"我们没有发疯，我们是认真的"这一行意大利语字幕，却制造出一种不同寻常的氛围。

"我们这个时代的不幸就是没有伟人……世界应当再次合为一体，我们已经分离了太久。看看大自然你就会明白，生命是单纯的，回到太初吧，回到生命的起点。不要污染水源，这是一个怎样的世界啊！"他的演讲让人似懂非懂。

在多米尼克演讲结束之后，四周一片寂静。下面一个穿着外套的男人怒吼着："来点音乐吧！"另一个男人拿来一盏煤油灯。接过煤油灯的多米尼克向自己的头上浇煤油并拿出打火机，但是却打不着火。在下面观看他的疯子中有一个人也模仿点火的动作。尝试了很多次终于点着火，多米尼克的全身都被包围在火焰之中。火也烧到了马可像的背部。背景音乐突然响起，是很大声的贝多芬第九交响曲中的《欢乐颂》,多米尼克从骑马像上滚落,成为一个火球。疯子也模仿他的样子并发生痉挛。这时镜头开始俯瞰卡比托利欧广场。最终救护车赶到,一群人朝着台阶奔去,友人尤金尼亚也开车赶来。但是大部分"听众"依然表情冷漠地站在那里无动于衷。

在整个故事低回哀婉的叙述中,这个自焚场景是唯一一个极富冲击力的。塔科夫斯基利用水、火等原始元素的隐喻充分展现了其独特的审美趣味,在狂妄与正义的夹缝中编织着世界的终结与重生这一壮丽场景。而其中的马可骑马像,虽不具备任何象征意义,但其威严也令人感到震慑。这是一部非同寻常的电影。

第二部

畅游于作品的世界——自我对话的文本空间

# 第 1 章 | 《沉思录》的文体及思想：自我对话的文本空间

第一部稍微有点长，在了解以上背景知识的基础上，我们终于可以进入作品的世界了。初学者推荐阅读《沉思录》岩波文库版（神谷美惠子译）或者讲谈社学术文库版（铃木照雄译）；如果想要深入研究，也可以用略难懂但每个词都严格对译的"西洋古典"版（水地宗明译）；如果可以读一些希腊语的话还可以与洛布古典丛书对比阅读。

## 如何阅读《沉思录》？

应该如何阅读《沉思录》呢？这是一个看似简单但不好回答的问题，不存在唯一的正确答案，只能告诉你阅读古典时的不二法则："花时间一点一点仔细地反复阅读。"现在通行本的章节划分，虽然未必意味着作者执笔时的"单元"，但是姑且按照这种划分，一节一节地读。如果觉得第 1 卷很无聊可以先跳过，读完全书之后还可以再回过头来读，首次阅读从第 2 卷开始即可。一开始可以跳过那些不好把握或者难以理解的章节，在这样的阅读中，任何读者都可以找到能够产生共鸣的表达、印象深刻的比喻、奇特的讽刺以及对自己产生慰藉、激励和批评的段落。这时先不要慌忙进入下一段阅读，暂且停在这里反复品味这段话。然后，对作者究竟想要说什么、他的真实意图进行推测。思考作者为何会得出这样奇特的结论，仔细琢磨他使用的论据。然后随着阅读的推进，你就会发现曾经读过的段落会重复出现。《沉思录》虽然属于哲学书的范畴（岩波文库本蓝带系列[1]），但并不像德意志哲学那样充满抽象概念，它是一座即便没有足够的基础知识也很容易翻越的小丘。

如果每天不间断地阅读，阅读一卷或坚持一周成果如何呢？如果中间没有被打断，大概3个月就可以读完全书。先整体浏览一遍，然后再选读感兴趣的篇章，带着问题意识紧扣主题精读效果较好。另外号召同好者一起阅读也很有趣。彼此交换自己的意见或感想，会让疑问豁然开朗，或者发现此前没有想到的新问题，有意外的收获是令人高兴的。如果想要超越单纯的兴趣、稍微尝试一下真正的"研究"，那么或许可以试试阅读我的这本书（以及本书的参考文献）。接下来将把《沉思录》全书中散落各处的碎片化主题，按照一定的分类进行总结，同时参考斯多亚派哲学思想的主线，从实际的文本中归纳马可·奥勒留的思想。当然这种方式只是辅助阅读的一种方式，读者也可以尝试其他的总结方法。

[1] 岩波文库根据书籍内容不同，在出版物的封面和书脊的下半部用红、蓝、白、绿、黄等颜色进行分类。常见的比如蓝带主要代表哲学、宗教、艺术、自然科学，红带代表世界文学，黄带代表日本古典文学，绿带代表日本近现代文学。——译者注

**自然与理性**

那么我们从第 2 卷开始阅读,这样读者就会比从头部(第 1 卷)更迅速地进入《沉思录》的躯干。"应该从每天的清晨开始这样审视自己"——在《沉思录》这本书中,确实也讲了如何从每天烦扰的人际交往中解脱出来的处世之道。但是和绝大部分成功学不同,这并不是半吊子的经验谈,其世界观是通透的:"作为分享智慧与神性的同胞,相互协助是人类最自然、原始的存在方式",由此产生结果"任何人都不会对我造成损害",这也是具有崇高性的悖论式言说。

我们以人的双手、双脚、上下牙齿、眼睑等人体器官来打比方思考一下。手与脚不同(或者说双脚直立行走的人类与其他哺乳类动物的最大区别),从解剖学上看,手的大拇指与其他四根手指方向是相对的,由此可以完成抓、握等动作,手具有这样的结构是其可以使用工具的基础。说到眼睛,鱼的眼睛分别位于身体两侧,具备广角的视野,但人的眼睛都位于人体正面,是为了通过牺牲视野的宽度来获得相对准确的距离感知。也就是说,在自然界这一更高等级的坐标系中,个体间的协调一致显得更加紧密。合理的秩序贯彻于整个世界。处于周而复始的生灭变化状态中,这绝不是偶然的事件,而是符合一定秩序的反复、再生——这是自然(physis)概念的核心。人类也好动物也好,自然界的个体(micro cosmos)都位于大宇宙(macro cosmos)同心圆的关系网中。因此每个小圆与终极大圆具有相似性,并且由此产生相互间的协调关系。构成"整体"的"局部"如同精密仪器部件那样彼此间紧密相连,在此不存在无用的东西或相互冲突的东西。

现代生态学(ecology)也讲求同样的道理,19世纪的浪漫主义者推崇将有机体看成自然——这也是斯多亚派自然理解的基础理念。并且,宇宙秩序的法则(logos)也被称为神,具有泛神论特征,人类是认识这一法则的理性(logos)的显形。因此人具有超越人种、语言差异的共同理性,人类是在本质上具有相同性质的同胞(syngenes)。在这种世界观的土壤中,与有具体文化约束的实证法相对立的自然法便产生了。但是这种自然概念与霍布斯的"人与人相互争斗的状态"(《利维坦》,1–13)不同。并且保罗将教会看作"耶稣基督的四肢",以此为核心的神学构想(《哥林多前书》,1:12至1:27)实际上也与这种有机体的自然理解建立在相同的基础上。

自创始人芝诺以来一直以"与自然共生"为理想境界的斯多亚派,认为大宇宙(自然)与小宇宙(人类)之间,以及每个小宇宙之间的关系都存在根本上的一致性。因此人与人之间的敌对或斗争,归根结底是由于位于宇宙之中的人不清楚自己的位置,缺乏对善恶的根本认识造成的。

不知道宇宙为何物的人,也不会知道他自己身处何处。不知道宇宙为何存在的人,也不会知道他自己是谁,宇宙为何物。

——《沉思录》,8-52

遵从你自己的本性和宇宙的法则,因为这两者原本就是同一条路。

——《沉思录》,5-3

宇宙啊,那与你的造化相和谐的事物,于我也是和谐的。

——《沉思录》,4-13

因此,无论自身多么弱小也不应该自我轻视,相反将自己误解为一个孤立整体的利己主义式的钻营也是错误的。将自我与周围的一切都看作内含于大宇宙的一部分,这种认知是流淌在《沉思录》中的自然哲学的底色。

但是对人来说所谓自然,从根本上说还是宇宙全体的合理性的同心圆——理性。在这一点上,同样使用"人类本性"(human nature)这一概念,但在其内涵的界定上倾向于强调欲望或情感等非理性面向的大卫·休谟(1711—1776)等英国经验论者,与斯多亚派形成对立。

人的智慧与理性能凭借它们的本性和意志克服障碍、达到目的。好像火焰向上蹿,石头向下落,或者圆筒滚下斜坡那样,你可以想象,理性是如何轻松地就能克服这些阻碍它的东西的,不需要什么帮助。

——《沉思录》,10-33

## 合理性的终极命运

第2卷开头读者已经毫无防备地接触到了斯多亚派对自然特有的澄明理解与支撑这一理解的理智主义之间的悖论。然而这种对于自然合理性的信念,即便是一目了然的,也并非通俗浅显的自然赞美。

马可强调"自然现象中附带产生的细节(epiginomenta)也具有一种美妙的吸引力"(《沉思录》,3-2)。饱满低垂的麦穗、狮子紧皱的眉头、野猪嘴里淌下来的白沫——单独来看一点也不美。但是对宇宙万物都具有感知力和深刻的洞察力的人,从观察这些事物中得到的快乐并不比欣赏一幅完美的画作少。烤面包裂开的表皮、熟透开裂的无花果、老年人的成熟之美——这些东西不会让所有人心动,只会让真正熟稔自然及其造化的人心领神会。曾有一位有名的植物学家说"没有一种植物叫作杂草"。据说赫拉克利特曾趴在锅灶旁边说:"看吧,这里也有神的存在。"(亚里士多德,《论动物的组成》,1-5)从这个意义上说,所谓自然,除了明信片上的风景那样可以和任何人分享的美以外,还有通过敏感的感知力与理性的洞察从而不断发现的隐藏着的秩序之美。

因此想要坚持对于合理性的信念,必须相信"万物皆有其道"(《沉思录》,4-10),也必须明白"合乎自然的东西必定不是恶"(《沉思录》,2-17)。疾病与死亡等降临在我们人生中的悲惨或恶,即便这是非常"令人不愉快的事实",我们也应当脱离自我的特定视角，立足全宇宙的高度探索它积极的意义。所谓合理性，并不仅仅是计划和目的的合理性，还应是脱离自己的内在视角从"永恒之境眺望世界"俯瞰自己，同时也是相信万物有道（pronoia）、积极开拓生命可能性的契机。但是斯多亚派的智者似乎脱离了常识。"狂人并非失去理性的人，他失去的是除了理性以外的一切。"（G. K.切斯特顿，《何谓正统》，安西彻雄译，春秋社）

爱比克泰德也曾说"未来发生的都是无关善恶的，了解它究竟为何物就可以对自己派上大用场，因此谁也不能妨碍它"（《提要》，32）。马可也说"你经历的一切自始至终都是为你安排的，那是宇宙分配给你的命运"（《沉思录》，4-26）。

初期斯多亚派的体系建立者克利希波斯曾以"绑在马车上的狗"为例来说明命运。"当狗希望随马车前进时，狗是被马车牵引着前进，因此既有定数（ananke）也有自由（to autexousion）。但即便不愿被牵着走，也是被强制带到无法违抗的意志中去的。"（克利希波斯，《全异端派辩驳》，1-21，SVF2-975）马可也曾说过"只有那有理性的生灵，才会自觉自愿地接受命运的安排"（《沉思录》，10-28）。这是爱命运（amor fati）思想的萌芽。

## 恶与自然理法

所有物体都有影子。现实中的恶是全宇宙这一更高级的坐标系中善与利益的阴影,这种理解方式与爱命运思想相关。这是超越"斯多亚派的悖论"的智慧,也是后来以自然理法为中心的基督教神义学的原型。虽然马可生活在罗马的多神教世界,然而神明给人的眷顾(《沉思录》,8-34)绝不是大众的现世利益,而是对悲惨的现实都给予肯定的超然的知性。

就像理解自己的健康那样,理解宇宙间自然之善的贯彻与完成吧!因此即使你有些许不快,也接受这个命运开出的药方吧!因为这归根结底是为了宇宙的繁荣和宙斯的健康。

——《沉思录》,5-8

我们应当以朴实无华的方式来祈祷,或者干脆不要祈祷。

——《沉思录》,5-7

## 哲学与内省

斯多亚派的哲学体系由逻辑学(符号论)、宇宙论、伦理学三个领域构成。逻辑学在罗马时代已经是学校教育的中心课程,从爱比克泰德的《语录》中可以略窥一二,但马可很少在《沉思录》中积极讨论逻辑学。然而,其哲学课题是从将理性的自然理解作为实践的指导方针的"生存的艺术"(《沉思录》,7-61),从这一点看,他依然继承了学派传统。

看见了现在的一切,那么对于亘古以来的一切和未来无限延续的一切也都了然于胸了。

——《沉思录》,6-37

哲学所要求你的正是你的本性所要求你的。

——《沉思录》,5-9

你现在所过的生活,便是最有益于你进行哲学实践的生活。

——《沉思录》,11-7

记住,那陪伴我们的力量隐藏在我们内部:它是我们的语言,我们的生活之源,或者也可以说,是我们之所以成为人的原因所在。因此想到它的时候,不要把那具臭皮囊或者长在它上面的各个器官也包括进去。

——《沉思录》,10-38

要观照内心。内心是善的源泉,如果你不断挖掘,就会汩汩地喷涌而出。

——《沉思录》,7-59

把现在当成给自己的礼物。

——《沉思录》,8-44

人的灵魂中具备过一种高贵生活的力量,只要一个人能对无关紧要的事物采取漠然的态度。

——《沉思录》,11-16

## 美德与幸福

标榜"美德即真知"的斯多亚派主知主义,对待善恶的态度正如本书第一部中说到的爱比克泰德的《提要》那样,只从自己理性范围内(epi hemin)的美德/恶行去理解本质性的善恶,并将其他的大部分世俗价值都放到"无关善恶"(adiaphora)的范围里。由此一般人不断追求的友情、亲情、美貌、财产、名声、官职,其价值终究不及健康和生命,因此应当将欲望置于自己的认知范围之外。

毫无差别地降临于好人和坏人身上的事情既不是善也不是恶。
——《沉思录》,4-39

要激励自己,那些与美德和恶行无关的,不必去追究。
——《沉思录》,7-31

自以帕奈提乌斯为代表的中期斯多亚派以来,学者们都认为应当对这些悖论进行修正,因为这些观念与通常的价值观是颠倒的。

真理不会伤害任何人,除了那些执迷不悟、知错不改的人。

——《沉思录》,6-21

自创始人芝诺以来,斯多亚派一直用清澈见底的川流来比喻理想中的"幸福人生"。但是支持这一理想的原理具有浓厚的标榜"用知识进行救赎"的主知主义色彩。

不存在位于整体之中却不受整体支配的部分。……确信我是整体的一部分,我就会对整体分配给我的事物感到满足。……这样的人生流淌着幸福。

——《沉思录》,10-6

人生中的救赎是:洞察一切事物的本质,从质料和因由两个方面来考察;全心全意地做公证的事,说真实的话。

——《沉思录》,12-29

具有理性的社会动物的善恶,不在于接受者的感觉,而在于行动。

——《沉思录》,9-16

一个人的价值可以用他自己专注的事情来衡量。

——《沉思录》,7-3

**约束行为与陶冶情操**

从塞涅卡的著作和书信中可以看出,如何消除愤怒或悲伤的情绪是自早期斯多亚派以来其伦理学的重要论题。爱比克泰德认为"让人感到不安的并非事实,而是对于事实的思维活动。死没有什么可怕,而是认为死是可怕的这个想法才是令人惶恐不安的"。(《提要》,5)因此在人际关系中也要"摒弃自己是受损一方的观念,如果能摒弃这种观念,损益意识也会从根本上被摒弃"(《沉思录》,4-7),"发火不是男人应当做的事,宽厚和善才更符合人性,寡欲(apatheia)的人才是有力量的人。愤怒与悲伤同样都是软弱的表现。因为无论是愤怒还是悲伤,都能伤人,都能使人缴械投降"(《沉思录》,11-18)。

对斯多亚派来说情绪论是伦理学的核心。柏拉图认为在灵魂之中存在具备不同固定功能的独立部分,即理性(logistikon)、欲望(epithymetikon)和激情(thymoeides)三部分,彼此相互牵制,而愤怒和悲伤的情绪则位于与理性判断相对抗的力学关系中(《理想国》,440E,《斐多篇》,246A)。与此相对,斯多亚派否认"灵魂三分"说。悲伤与愤怒之中原本就包含许多(并且是不正确的)认知性要素,或者说感情就是"过剩的、不听从理性命令的冲动,或者是违反自然本性的灵魂的非理性活动"(斯托拜乌斯,《精选集》,2-7至2-10,SVF1-205),它们属于灵魂主导的部分(位于心脏周围、产生感觉或判断的部分),其过盛的活动,导致理性判断失误。芝诺将情绪比喻为受到惊吓时猛然振翅的飞鸟（斯托拜乌斯，《精选集》，2-7至2-11，SVF1-206）。由此可见，持唯物论立场的斯多亚派认为感情不是单纯的精神活动，而是与一定的物理性运动相对应的精神活动。或者说，灵魂将会对善恶进行判断（krisis, hypolepsis），伴随这一判断产生膨胀收缩、压缩扩张等变化构成运动，从而产生四种情感类型（阿斯帕西奥斯，《亚里士多德〈尼各马可伦理学〉注解》，45，SVF3-386b）。

由现实中的善驱动而产生的是"快乐"，由恶驱动而产生的是"痛苦"，由不在现实而在未来的预想的恶驱动而生的是"恐惧"，由预期的善驱动而生的是"欲望"。以这四种情绪作为大类，其下有更细致的划分。也就是说，在"欲望"这一类型中，有愤怒、过度的性欲、思慕以及对名誉、快乐、财富的执着；在"快乐"的类型中，有自我满足也有欺骗；在"恐惧"的类型中，有苦闷、狼狈、惊愕、迷信等；在"痛苦"的类型中，有妒忌、哀伤、暴躁、恶意等各种感情。请注意快乐这一类型中也有应属于痛苦或恶念的情感。对斯多亚派来说，快乐绝不是善，而是导致理性判断产生失误的原因。

智者（sophos）不会沉溺于这种情感之中，因此可以维持清心寡欲（apatheia）。这句话是斯多亚派的标语，后经亚历山大的克莱门（Clement of Alexandria，约公元150—约216年）的传播，成为被尼撒的格里高利（Gregory of Nyssa，约公元331—396年）等基督教教父继承的神学概念。但其本意并非像被误解的那样，意味着冷酷无情或冷血没有人性。智者也会感到身体上的痛苦，但与常人不同的是，他们不会让痛苦侵蚀自己的理性导致判断失常。也就是说他们能够通过理性控制外界的影响，以达到不被偏颇的判断控制的自由境地。因此智者也具有三种感情，即"喜悦"、"慎重"和"意愿"（不存在与痛苦相对应的感情）。"喜悦"与快乐不同，是内心理性的高扬；"慎重"与恐惧不同，是内心理性的回避。智者之所以不会被恐惧左右是因为他们万事留心观察。同样，"意愿"是理性的实现，与欲望不同。同样这些理想的感情类型也有次级分类。"意愿"之下有善意、友好、敬爱等，"慎重"之下有羞耻心、敬畏等，"喜悦"之下有快活、舒适等（第欧根尼·拉尔修，《希腊哲学家列传》，7–116）。

由此可见，克利希波斯实际上将70种感情进行了分类。近代的笛卡尔和斯宾诺莎的情感哲学也是提取出若干种基本感情类型，将其中单纯的要素进行复合，从而说明人的多样性心理活动，这与克利希波斯等斯多亚派的做法如出一辙。这好比欧几里得在《几何原本》中，将多种多样的平面几何图形看成圆或直线这样的单一要素复合而成的图形，由此进行作图或证明。从这个意义上说情绪论也可以成为"精神的几何学"。

重要的是，对斯多亚派来说，情感是彻头彻尾的人类活动产物，并非希腊悲剧中表现的那种依附于鬼神的东西，或者说它不是超自然的（因此也是神圣的）现象，它无非是脱离理性而导致的判断失误或谬误。被感情左右的人对于善恶的判断与未成熟的幼儿并无二致，这是一种认知上的病态，因此也被称为理性医治和陶冶的对象。从这个意义上说,对情感进行细致分类,为沉溺于过剩情感、内心失衡的人提供了冷静反省自己内心情感的机会。对自我情感进行正确的审视,与现代的精神分析法类似,对斯多亚派伦理学具有极其重要的意义。

**内在的精神堡垒**

由此,马可将摆脱了这种过剩情感的精神境界比喻为坚固的堡垒。

记住:如果你的内心内敛自足,按它的意愿行事,不合理性的事情就不去做,那么你的理性便强大无畏。……所以,那摆脱了激情的心灵(eleuthera pathon dianoia)就是一座坚强堡垒(acropolis),再没有比这更安全的栖身之所了。一个人如果不知道这一点,他还只是无知(amathes),如果知道了却不进去安身,那就是不幸(atyches)了。

——《沉思录》,8-48

不必要的欲望、消费的欲望占据着青年灵魂的堡垒,因为那里没有学问、工作成就或真实的话语,堡垒是空的。然而对于受到神的爱护的众人来说,只有这样的青年才能成为最称职的监护者和守护者。

——柏拉图,《理想国》,560B

前面已经说过,柏拉图和斯多亚派在基于情感分类的情绪论方面持不同观点。但两人都用堡垒来比喻学识、语言逻辑等理性要素的防御性功能,在这一点上他们出人意料地一致。将从情绪之中净化升华而成的精神比喻为堡垒,这种传统被中世纪以来的基督教文化圈继承,但与古代末期相比则有了微妙的变化。特别是神秘主义和修道院神学中的"城堡"与其说是理性的据点不如说是"在心灵内部最隐秘的场所与超越一切的神的相遇",这种想法经过格来福的圣柏耐(Bernard de Clairvaux)到迈斯特·埃克哈特(Meister Eckhart,见《德语讲道集》,2),经过16世纪西班牙的神秘主义者,比如方济·奥辛那(Francisco de Osuna)和拉雷多的贝尔纳迪诺(Bernardino de Laredo),特别是亚维拉的德兰(Teresa de Ávil,代表作《灵魂之城》)之手,创造出丰富的隐喻空间(参考《神秘主义事典》中的"灵魂之城"条目,植田兼义译,教文馆,2000年)。这种思想稍加世俗化后演变成为联合国教科文组织宪章中的"由于战争产生于人们心中,因此也要在人们心中筑起和平的堡垒",可见其影响深远。

**宽容与忍耐**

马可并非生活在谈笑有鸿儒、往来无白丁的环境中，而是生活在"人们相互蔑视，同时又相互阿谀奉承；他们总是希望爬得比别人高，同时又匍匐在别人脚下"（《沉思录》，11–14），"古今中外共通的充满伪善和猜忌的政治环境中"（《沉思录》，2–1）。因此饱受历代史学家好评的马可皇帝的"宽容与忍耐"，并非与生俱来，而是在特殊的世界观中有意识培养起来的美德。其依据为"理性的动物在这世上就是要相互依存，宽容是正义的一部分，有人作恶，他也并非本意如此。因此相互忍耐也是一种正义"（《沉思录》，4–3）。将前文提到过的"因为我们注定要相互合作，就像我们的双手、双脚、上下眼皮、长在上下颚的两排牙齿，若我们相互对抗，便违反了自然"（《沉思录》，2–1）进一步推衍，即为"害人即是害己"（《沉思录》，9–4）。这与将"所有人之间的相互斗争"看作自然状态的观点是完全对立的，它体现了一种只要实现全人类的理性就可以达到社会和谐的社会观。


**赞赏与名利心**

《沉思录》中有不少体现哲人皇帝特点、对过度的名利心进行劝诫的警句。

每一件完美事物的美属于它本身亦源于它本身,赞美不属于它的美的一部分。赞美并不能令一个人变得更好或更坏。

——《沉思录》,4-20

神明不需要奉承,他们只希望有理性的人能像他们一样。

——《沉思录》,10-8

诚实而善良的人散发着强烈的芬芳,接近他的人毫无疑问会发现这一点。

——《沉思录》,11-15

这些劝诫跨越历史的长河后依然是有价值的。实际上马可对元老院的意见以及民意的动向非常敏感,这也是他受到后世史学家称赞的原因之一。但是当面极尽阿谀奉承之能事、背地里则对为政者大肆批评,处在皇帝的位置上,对于这种阳奉阴违的情况,已司空见惯了吧。

有一种人,一旦做了一点好事,就当作是对别人天大的恩惠记在他的账簿上。还有一种人虽然不于如此,可是在心里仍旧把别人当作受惠者,觉得人家欠了他的情。第三种人似乎从来没有意识到自己做了好事,这样的人就像一棵葡萄藤结出了葡萄,并不因为自己的果实要求什么报酬。

——《沉思录》,5-6

最高尚的报复方式是不要变成你的敌人那样的人。

——《沉思录》，6-6

于你而言真正是恶和有害的东西，只存在于你的内心。当你指责别人背信弃义或忘恩负义时，要首先反省自己。

——《沉思录》，9-42

禁止报复这一点令人联想到狱中的苏格拉底（柏拉图，《克力同篇》，49B）和耶稣的山上宝训（《马太福音》，5：39），这几段文字展现了马可思想的宗教性特征，这令后代基督教徒读者们感到亲切。

## 生生流转与死亡

如前所述，死亡也不过是自然中的一部分，从全宇宙的角度看绝不是坏事。《沉思录》中有许多涉及死亡的话题。有些读者可能会对这种略显阴郁的笔调感到不适，但这与武士道的无常观和谛念相通，可能日本的读者对此会感觉亲切。能够冷静地面对自我与他者的死亡，这是典型的道德家的主题。

运动和变化使世间万物永远年轻，就像那无尽的时间激流冲刷一切，使之光洁如新。

——《沉思录》，6-15

死与生一样都源于自然的奥秘。

——《沉思录》，4-5

爱比克泰德曾说过"每天都去想象死亡与流放等令人恐惧的东西"(《提要》，21)，强调直视死亡的日常训练（memento mori）。马可在这一点上也受到爱比克泰德的强烈影响。

想想现实中的一切，它们都是在走向死亡的过程中诞生的。

——《沉思录》，10-18

不要蔑视死亡。要欣然接受，因为这也是自然安排好的事情。

——《沉思录》，9-3

人所失去的，只是他此刻拥有的生活。

——《沉思录》，2-14

如前所述，生死本不过是宇宙间最自然而然的事情，它们自身不具备任何价值。这种思想为自杀（为尊严而死）的正当化打下基础。

如果你无法成为一个这样（忠诚善良）的人，那么你的理性也绝不允许你活下去。

——《沉思录》，10-32

## 自杀肯定论

众所周知，斯多亚派对合理的自杀予以肯定，在这一点上，斯多亚派与自柏拉图主义至基督教[代表性的论述有圣奥古斯丁，《神之国》（1-17至1-27）；托马斯·阿奎那，《神学大全》（2-2部第64问第5项）]的禁止自杀论相对立，并与休谟、尼采等一道位于西方哲学史的反主流脉络上。

斯多亚派的创始人芝诺死于72岁（也有死于98岁一说），他一生都远离疾病，过着健康幸福的生活。据说一次他在离开学园的路上跌倒，造成脚趾骨折。他在跌倒的地方用拳头敲打地面叫道："我正在走路呢，为什么要这样呼唤我？"（提摩泰欧斯创作的悲剧《尼奥柏》中的一节）然后自断呼吸而亡（第欧根尼·拉尔修，《希腊哲学家列传》，7-28）。其后继者、第二代斯多亚派代表人物克利安提斯由于牙龈发炎不听从医生的建议绝食而亡。在发病后的第二天他回复医生说："我已经在人生的道路上走过相当长的距离了。"随后即绝食。另一种说法认为他与其老师芝诺死于同一年（第欧根尼·拉尔修，《希腊哲学家列传》，7-176）。塞涅卡得罪了曾经是自己学生的尼禄皇帝，被下令自裁。自裁的方式相当惨烈：先用小刀割开血管（模仿柏拉图《费多篇》中的苏格拉底），再饮用有毒的参汤，最后进入装着热水的浴池中（塔西佗，《编年史》，15-62 至 15-64）。由此可见，斯多亚派的代表人物中有不少的自杀者。姑且不论传记的真实性，这些传记毫无疑问都表现了人们想象中的智者形象。

> 智者可能会为了理性的实现，为祖国或朋友而结束自己的生命，或者在极度的痛苦中自断手足，当他患上不治之症时也可能这样做。
> ——第欧根尼·拉尔修，《希腊哲学家列传》，7-130

> 美德可能在我们的生活中不具备任何力量。与此相对，当我们离开这个世界时恶也不会产生任何影响……因此有时幸福的人应当主动选择离开这个世界。
> ——普卢塔克，《关于斯多亚派自身的矛盾》，1039E、1942D

> 对于智者来说，即便自己是幸福的，也应当选择合适的时机离开这个世界。
> ——西塞罗，《关于绝对的善恶》，3-61

从以上文献依据中可以清晰地看出，这些情况下的自杀并非出自本人的冲动或妄断，自杀肯定论也并非无条件地肯定自

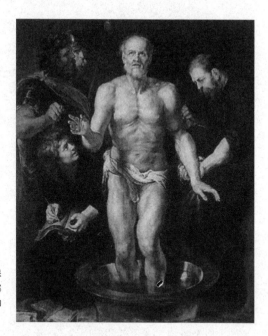

图10 彼得·保罗·鲁本斯,《塞涅卡之死》,约1614年。

杀。当"顺应自然生活"这一斯多亚派的理想受到阻碍时,智者(sophos, sapiens)便会选择合适的时机(opportune)将合理性行为极端化。但是这里的"智者"已经成为饱受抨击的概念,在实际中并不容易分辨谁才是真正的智者。如同"不死鸟五百年才出现一次"(塞涅卡,《道德书简》,4–21),"无论是克利希波斯自身还是他的朋友、老师都从未表现为'善良的人'"(普卢塔克,《关于斯多亚派自身的矛盾》,1048E),智者也不过是一种理念化的指标罢了。

基督教徒读者特别容易对这种自杀肯定论产生厌恶情绪。前文介绍过的帕斯卡和三谷隆正都认为将自杀作为人生终点是斯多亚派的根本谬误，持这种论调的基督教徒也不在少数。但无论如何，斯多亚派的自杀肯定论并非对单纯的利己性冲动的肯定，也并非厌世的情感，更不是宗教改革运动，只是建立在特殊的自然观与人性理解的基础上产生的冷静的人生选项。从这个意义上说它可以被认为是今天的"尊严死"的先驱。

## 博采众长的文风与《沉思录》的魅力

即便只看以上对《沉思录》的文本概括，也可以建立对斯多亚派最简单的理解，知道它有哪些主题，其合理性自然观的理论基础，以及重视实践伦理的理论特征。而对于马可来说，质朴刚健的禁欲生活可能是合乎天性的。据说他年幼时就被称赞认真执着，从少年时代开始怀着强烈的热情学习哲学，12岁时就过着简朴的生活，只穿一件古希腊风的粗糙外衣便直接睡在地面上（尤利乌斯·卡庇托利努斯，《哲学家马可·奥勒留的生涯》，2）。

在《沉思录》中，有很多处文字表达了相同的思想，但这些文字之间很多都有微妙的不同。如果无视这些微妙的不同，将其强行看作具有"统一思想体系"的东西，会令《沉思录》这部斯多亚派的经典著作丧失其原有的魅力。应当如何理解其文本特征将在本部分第3章以后从其他的角度再次进行探讨。

实际上《沉思录》风格独特，遣词造句也颇有个性。"属于身体的一切如同流水易逝，属于灵魂的一切宛若梦幻泡影"（《沉思录》，2-17），"眼前的一切都是在走向死亡的过程中诞生的"（《沉思录》，10-18），"宇宙的因由好比一股激流，一切都将被它的浪头卷走"（《沉思录》，9-29）。在这些悖论式的箴言中，能够看出斯多亚派受到了他们十分赞赏的赫拉克利特的强烈影响，而"一切皆由主观决定"（《沉思录》，2-15）则受到犬儒派（摩尼穆斯等）的影响。而马可有关身心关系相关的思想，与斯多亚派的标准化唯物论公式相比，显示出更明显的柏拉图主义的二元论模式特征（《沉思录》，2-2、3-16、4-21、6-32、12-3）。另外，文中明确写道："感到痛苦的时候，伊壁鸠鲁的话都是对你有帮助的。"（《沉思录》，7-64）奥勒留将"宇宙统一于理性"这样的斯多亚派宇宙论作为现实生活的伦理依据的同时，也关注到伊壁鸠鲁派把宇宙看作"不过是原子的聚散离合"的偶然性自然观（《沉思录》，4-27、10-6、11-18），这一点也值得关注。

自爱德华·策勒起，学者通常认为帝政罗马时代的斯多亚派不具备哲学上的独创性。确实虽然将他们称为"学派"，但他们并非同在某一所学校，彼此间为师兄弟关系，具备稳固制度的集团，不过是提倡斯多亚主义的学说，具有相通思想方法的不同时代的思想家罢了。他们对待思想教育的实际态度如何成为近年来研究者关心的问题，期待今后的研究能够有所发现（Christopher Gill, *The School in the Roman Imperial Period*, p. 33）。学派之间的相互借鉴与宗教色彩是罗马时代斯多亚派的特征，但自公元2世纪以降，这种对于救赎的渴望逐渐让位于在思想上不断进行淬炼的新兴基督教的以及不断恢复的柏拉图主义，成为思想史的主流。

"塞涅卡的文章充满理性，爱比克泰德的文章慷慨激昂，马可的文章则沁人心脾。"——这是喜爱《沉思录》的诗人马修·阿诺德的名言（*Essays in Criticism, 1865*, p. 367）。在漫长的时空中和自然理性的根基下进行严格的自我约束，这是与武士道共通的修养与谛念。马可的手记被评价为具有"忧郁的气质"（安东尼·朗）和"坚决的无常观"（铃木照雄），它不仅可以成为学院派的思想史研究对象，在现实社会苦苦挣扎的理性的读者中，也应当产生强烈的回响。

# 第 2 章 │ 苦恼的灵魂与灵魂的救赎：《沉思录》的宗教性

## 《沉思录》真正的魅力

在前一章中，我从《沉思录》全文中选出与自然、美德、感情、自杀、命运等斯多亚派哲学的重要命题相关的篇章，给读者展现出信奉斯多亚派学说——尤其受到爱比克泰德的强烈影响的马可形象。自泽勒（Zeller, *Die Philosophie der Griechen in ihrer geschichtlichen Tntwicklung* Ⅲ -1, S. 781-791）以来，这种手法与它得到的结论始终是对马可进行定位的常用套路。

如果是谈论"哲学史"或进行"思想的解说"，就可以到此为止了。但是《沉思录》中经常出现令人印象深刻的比喻和发人深省的警句，在有限的篇幅中无法进行简单概括。只要精读原文便无法将马可局限在"斯多亚派思想家"的框架中，应该感受到作者独特的个性光辉。特别是看了本书第一部第 6 章中探讨的内容，即说明《沉思录》与学术论文不同，是极为个人化的"札记"后，读者应该就能够产生一种印象，认为书中内容并非理论化的哲学思想，或者说是与表面化的说辞不同的直率的心声吐露。并且事实上，具有轻重缓急的节奏感、接近语录式的语体才是《沉思录》的魅力所在。

《沉思录》这种有别于学术论文或理论书的文风及叙述方式，容易让人偏向印象批评，不好对其做出恰当评价。译文也会在相当程度上左右读者的感受。在这一点上，神谷美惠子的译文（岩波文库）能够让读者感受到她出众的语言感知力。由于时代的限制，神谷的译文对斯多亚派哲学的专业用语理解得不够透彻，译文中存在对重要的基础概念进行解释性翻译的缺陷，但其简洁雄劲的翻译文风给读者以深刻印象，能够达到"名译"水准的段落也为数不少，在下一章中将会具体说明。历代读者究竟对马可和《沉思录》抱有怎样的印象呢？本章将会讨论这一问题。

## 描绘马可的内面——雷南的尝试

在19世纪法国文学史上留下浓墨重彩的一笔的宗教史学家雷南是《沉思录》的狂热爱好者，这也是以《沉思录》为蓝本去描绘极具个性的马可肖像的最早尝试。但是在他的描述中，人物并不具备一以贯之的性格，在其心中潜藏着深刻的分裂。雷南经常强调皇帝的"幻灭之后的平静"（la sérénité désabusée）。

现实是不足取的，没有任何实在的东西——这种单纯的世界观即便是无趣的也依然是坚定的。怀疑主义的立场是确证无疑的。但是庄重虔诚的皇帝并非止步于怀疑的人。他的内心活动堪称静谧，甚至如同置于棺中，听不到一丝杂音。他达到了佛教的涅槃、基督教的平安之境。如同耶稣、释迦牟尼、苏格拉底、亚西西的圣方济各，他最终超越了死亡，而今面对死亡只需要面带微笑。死亡对他来说终究没有任何意义。

——雷南，《马可·奥勒留与古代世界的终结》，p. 274

这样说的同时，雷南也从其他方面发现了与此完全不同的有着"烦恼的灵魂"的马可。

向绝望走去的努力是其哲学的核心，而另一方面却是如同悬浮在蒸汽中的自暴自弃。有时它被挤压在诡辩之中，但最终会一下子将裂开的伤口堵上。恐怕任何人都会认为，与幸福告别，竟然会有如此不合逻辑的想法！但是我们终究很难理解皇帝那毫无波澜的内心到底笼罩着什么。他那苍老的面容、永远沉着、微笑的表情之下，究竟品尝过多少痛苦。

——雷南，《马可·奥勒留与古代世界的终结》，p. 267

根据雷南的描述，马可很难让人认为是具有稳定人格的人；相反，他仿佛在身心双方面都已沉疴难愈。

这种奇妙的病症，是让自己处于焦虑之中，是超乎常人的敏感，是做任何事都要极尽完美的热烈愿望。这是一种外强中干的人格类型。

——雷南,《马可·奥勒留与古代世界的终结》, p. 30

J. M. 李斯特(J. M. Rist)对皇帝在时间观念上的"极端怀疑主义"进行了批判。

对斯多亚派来说,哲学似乎是某种治疗灵魂疾病的意愿,并且除了智者以外,似乎每个人的灵魂都得了这种病。然而对于马可来说,这是最坏的医院。
——J. M. 李斯特,《斯多亚哲学》(*Stoic Philosophy*), p. 286

马可在出生时并没有得到精灵的亲吻,这是非常哲学化的东西。我指的是他应该懂得,如果能够把所有事情都交托给自然,或者说任何事情都不需要"卧薪尝胆"(abstine sustine),只需要笑对人生,这才是真正的快乐。
——雷南,《马可·奥勒留与古代世界的终结》, p. 34

## 浪漫主义式阅读的功与过

浪漫主义的时代精神,未必不排斥过于主观的解读。套用在贝多芬等具有代表性的艺术家身上的,充满"只有烦恼的天才才会创造出崇高艺术作品进而能够拯救人类"情绪的浪漫派价值取向,也可以被套用在马可身上。以雷南为代表的"幻灭之后假装平静的悲观主义"已经成为人们对皇帝的固定印象,无论是"带有哀伤基调的谛念"[P. 温德兰(P. Wendland)]还是"否定式的绝望"[保罗·伯蒂(Paul Petit)],都在加强"忧郁气质的皇帝"印象,终于"自我认同危机"(E. R. 多兹)被理解为展示"不安的时代精神"的典型。

阿多批判了这种自19世纪以来的"神话"倾向(Hadot, *The Inner Citadel: The Meditations of Marcus Aurelius*, p. 243)。"作者已经在作品中充分且全面地展示了自己。因此这部作品就是生产它的人的拟像",这种看起来相当直白的解释,实际上是在发端于浪漫主义艺术的现代理念下产生的。最近很流行后现代式的看法,即认为"作者已死,作品有其自身的独立性,因此作品的阐释要脱离对作者创作意图的探究"。这两种相互对立的观念在解释古代文献时犯了同样的时代错误。《沉思录》绝不是倾诉个人内心想法的书,我在下一章将对此进行详细讨论。

## 真实而永恒的福音书——马可的宗教

让我们再次回到雷南对马可的评价这一话题上。他认为《沉思录》这部短小精悍却无与伦比的著作,不仅超越了爱比克泰德,更超越了斯多亚哲学等一切固定教条,宣示着真理。

这给忍辱负重的生活一线助力，也是现代人或无法认同超自然力量的人的福音书。真实而永恒的福音书《沉思录》绝对不是过时的东西，因为其中没有刻板教条。(《圣经·新约》的)福音书中有些内容甚至都有些过时了，构成其基础的朴素的超自然概念，已经被科学所排斥。而《沉思录》中仅有极少量超自然要素，并且这对其丰富的内容之美没有丝毫影响，瑕不掩瑜。科学或许会导致精神和灵魂的衰微。但是充满生命力和真实感的《沉思录》则一直持续着年轻的活力。马可·奥勒留的宗教与耶稣时代的宗教一样，都是绝对性的宗教。也可以说在直面宇宙时高度的道德感都是从极其单纯的事物中发展出来。这并非单一民族、单一国家的宗教。无论是革命、进步还是科学上的发明，都无法改变这一事实。

——雷南，《马可·奥勒留与古代世界的终结》，p. 166

这是一篇饱含激情的演说名作，让人感到如同亲临现场见证法国爱国主义旗手雷南在舌战群雄。从引用的段落中我们可以清晰地看出，雷南在《沉思录》中发现了"绝对的宗教"。

雷南曾以天主教祭司为人生目标，但当他接触到进步史观和启蒙主义科学观后，放弃了这一目标，并且基于帕莱斯蒂纳的学术调查写成了《耶稣传》。这部作品出版后得到的评价毁誉参半，引发了激烈的争论。他将耶稣作为领先于时代的人（并非指神学上耶稣作为人的形象），对排除其神迹的一生进行了生动描写，这样的作家可谓我国天主教作家远藤周作（《耶稣的一生》，新潮社，1973年）的导师。因此雷南对马可的理解与他对耶稣的理解如出一辙。或者说，他一意孤行地排除了神学理论与世俗信仰，发现了具有卓越人格和内在的人本主义精神的"无与伦比的人——耶稣"，而在马可这里，同样排除了特定的思想或理论，从其超然的理性态度中发现了一种自然神学。由此两者都摆脱了他们扎根的文化环境的时代色彩，成为现代的（合理的人本主义的）具有宗教色彩的偶像。

## 斯多亚哲学的宗教性

雷南认为，马可的宗教是由多神教、自然神论、泛神论等三个方面的要素复合而成的，这一判断虽然没有太大的错误，但也需要进行一些探讨与补充。

（一）多神教（polytheism）

马可出身罗马贵族家庭，并且作为皇帝他有义务参加罗马传统的宗教祭祀活动。而随着帝国版图的扩张，其他地区的宗教（希腊的密教、埃及的太阳神崇拜、犹太教和基督教等一神教，以及来自东方的密特拉教和琐罗亚斯德教等）也逐渐进入罗马社会（详情可参考 M. Beard, J. North & S. Price, *Religions of Rome*, 1998; Keith Hopkins, *A World Full of Gods*, 2000）。通常认为，马可曾效仿哈德良帝在埃莱夫西斯参加密教仪式，对希腊的密教有强烈的关注，但对基督教的关注和知识都较为缺乏。

《沉思录》中很少使用（加定冠词的单数形式）"神"（hotheos）一词，仅有几处将神设想为人类形象时（《沉思录》，8-56、10-11、12-2、12-11）是例外，并且这几处的用法等同于复数形式的"众神"（《沉思录》，12-5），或者与"理性"并列（《沉思录》，12-31）。而复数形式的"众神"则相当多见，但出现名字的，也只有克洛托（《沉思录》，4-34）和缪斯（《沉思录》，11-18）两位而已。宙斯在斯多亚哲学的传统中，等同于宇宙的理性、自然和公理（《沉思录》，5-8、5-27、11-8），只是祭祀仪式中的公式化存在（《沉思录》，4-23、5-6、5-7）。从这个意义上说《沉思录》中提到的神，即便表面上使用的是复数形式，也未必有具体所指。

（二）泛神论（pantheism）

"泛神论"一词是18世纪发生在英国的宗教论争（自由思想家约翰·托兰《泛神论大全》，1720年）的产物，这一创想本身在古今中外各种宗教思想中都可以发现其踪迹。将宇宙与神视为实体性的统一，因此不承认神的人格化、道德性、超越性特征的自然宗教，以及在自然中寻求神的存在与统一，拒绝简单的概念化的神秘主义宗教传统，往往与泛神论紧密相关。

斯多亚派是西方古代泛神论思想的代表，他们将适用于整个宇宙的秩序称为"自然"（physis），其本质是一切事物都具备的"元气"（pneuma），其能动性的面向则被称为"造化之火"（pyrtechnikon）。同时这种自然也被称为"神"（《沉思录》，9-1），作为其意志表现的宙斯与"公理"（pronoia）是相同的（《沉思录》，2-3、2-11、4-3、6-10、9-1、12-1、12-14、12-24）。以物质为基础的现实中充满了"种子的理性"（logoi spermatikoi，但是神谷将其译为"创造性理性"，《沉思录》，4-14、4-21、6-24），它支持了自然的合理性。

与马可同时代的教父、在罗马殉教的查士丁将"种子的理性"这一概念运用到逻各斯基督论中，对基督教徒遭受迫害的原因进行说明（《第二辨明》，8-3；《基督教教父著作集》，1，柴田有译，教文馆，1992年）。这是斯多亚派的基本概念被运用于基督教原理中的一个实例，由此可见，在斯多亚派与基督教之间产生了具备折中主义特征的同心圆关系。

（三）自然神论（Deism）

这一概念也是由18世纪英国自由主义思想家提出的。塞缪尔·克拉克（Samuel Clarke，1675—1729）、安东尼·柯林斯（Anthony Collins，1676—1729）、马修·廷代尔（Matthew Tindal，1655—1733）等人的立场未必完全一致，但他们都致力于挑战传统基督教（一神论），试图建立将民众从迷信和习俗中解放出来的合理性自然宗教。这场运动发端于英国国内（大卫·休谟），对法国百科全书派（伏尔泰、卢梭等人）以及普鲁士的启蒙主义者（莱辛、康德）都产生了极大影响。雷南也极为强调这一点，不给宇宙强加神奇的超自然色彩，只关心通行于宇宙原理之中的生命规则——无论是伦理也好，宗教理性也好——这正是雷南大为称赞的马可的"福音"的核心。

本书第一部第4章在论述斯多亚派的接受史和评价时,提到过基督教与它的关系并非直线式的影响关系。新柏拉图主义和斯多亚哲学对寻求超越、救赎,并向基督教发起反叛的知识人来说,具有替代宗教的效果,这一点在西方思想史与日本思想史中并无二致。

雅典人有一种祈祷方式:"下雨吧,下雨吧,亲爱的宙斯啊,降雨到雅典的田地、平原上吧!"我们应当以这种朴实无华的方式来祈祷,否则就干脆不要祈祷。

——《沉思录》,5-7

引文中是简洁的训诫,但其真意尚有阐释的余地,如果读过一些《圣经》的话,就可以发现这段劝告与福音书中耶稣的教导有相似之处。

你们祷告,不可像外邦人,用许多重复话,他们以为话多了必蒙垂听。你们不可效法他们,因为你们没有祈求以前,你们所需用的,你们的父早已知道了。

——《马太福音》,6:7-8

## 古典的生命——斯多亚派的生活方式的召唤

无论是爱比克泰德还是晚期斯多亚派,对生活方式的劝导中都含有很强的宗教意味,由此也可以看到基督教与佛教之间的若干相似之处。确实在《沉思录》的热心读者中,有不少人与雷南相似,被其宗教性强烈吸引。J. S. 米勒(J. S. Miller, 1806—1873)认为《沉思录》虽与基督教不同源,但同样达到了"山上宝训"的境界,对其中高度的宗教性给予称赞("Utility of Religion", in *Three Essays on Religion*, 1874)。但是他们的评价是否真的妥当呢?雷南认为《沉思录》绝非过时的东西,而是真实而永恒的福音书,他并未针对某一具体教义进行分析,而是在革命与进步的时代环境中将《沉思录》与已经有些过时的基督教福音进行了对比。但是公平地说,这种单纯的对比是无效的。所有被称为古典的书籍,都是在特定时代的文化环境中产生的,或多或少都受到当时文化的限制,从这一点上说(爱好古董的收藏家趣味则是另一回事)它应当是过时的。如果无视这种必然性的制约而把一本书当作具有普适性的规范,将其看成具有宗教性的普遍原理,这样便扼住了人类理性的喉咙,会引起"文明的冲突"。这样的危险,无论是预言者耶利米("我要将我的律法放在他们里面,写在他们心上。"《耶利米书》,31:33),还是使徒保罗("字句是叫人死,精意是叫人活。"《哥林多后书》,3:6),都早在宗教形成的过程中就已预料到。

从另一方面看,无论是福音书还是《沉思录》,在超越时代局限的过程中，都已经产生供人类汲取的无尽智慧之泉了。因此对于这些被称为古典的书籍，应当不断反复阅读。古典并不具有持续压倒性的权威，而需在读者的反复阅读中经受考验，在重读的过程中重生，这样才可以把阅读中产生的新知传给下一代。

在 21 世纪初，雷南时代具有权威性的启蒙主义、现代科学、进步史观等，对我们来说都已经成为过时的东西了吧。《沉思录》也并非超越一切学说或者具有宗教性权威的超然存在。但即便这本书只是皇帝自己的手记，当我们接触到它时，它也会指引我们与斯多亚派的生存方式产生联系。《沉思录》的悖论式思想与我们已知的常识相悖，是对于人和社会的全新看法，也会促使我们的人生发生方向性转变，让我们对生活方式进行重新选择、做出改变。

在下一章，我们将不会把《沉思录》看作单纯的哲学学说或原理，而是从它对生存方式的启迪和思想教育的角度思考其阅读的可能性。

# 第3章 | 哲学理念：观照与实践，规则的变奏

## 反复与重复的意义

《沉思录》是由一个个短篇组成的，虽然其中有很多给人留下深刻印象的名句，但是也存在不少反复和重复。假如言简意赅的表达、紧密的结构和一以贯之的主题思想是哲学著作的必要条件，那么《沉思录》绝对算不上一流的著作。长期以来受到学院派哲学轻视的原因之一，是这本书的文体。但相反作为古典的人生论，本书受到一般读者的喜爱。无论从哪里读起都可以的便利性，也正是因为格言式文体具有的通俗性。但采取非专业的阅读方式，是否可以对原文进行无限制的随意理解呢？有没有最适合《沉思录》的阅读方式呢？这些问题与《沉思录》的写作意图以及作者的哲学理念有密切关系。本章将参考皮埃尔·阿多近期的研究，对《沉思录》的文体特征与斯多亚哲学基本理念间的密切关系进行论述。换句话说，即便《沉思录》是粗略的提要，但也绝非把随意信笔写成的印象笔记毫无章法地罗列在一起。这些文章即便是私人化的笔记、未完成的草稿集，也有明显清晰的写作

构思。这是对文本深层结构的理解。

**哲学的理念**

古代哲学都具有一些超出学术或理论范围的内容。特别是怀疑主义、伊壁鸠鲁派、斯多亚派等这些流行于希腊化时代的思潮，都具有无法单纯用"方法论"这样的形容词来概括的强烈实践倾向，其哲学理念也是"生活的艺术"（ars vivendi）。尼采和斋藤忍随喜爱的第欧根尼·拉尔修写的《希腊哲学家列传》（成书于公元3世纪上半叶），既重视学术也重视传记，将著名哲学家们如何在生活中（以及死亡方式中）践行自己的学说，通过丰富（但是其真实性值得怀疑）的传闻逸事表现了出来。

《沉思录》中"哲学"（philosophia）一词总共出现过12次。下面的引用明确地展示了这本书的哲学课题。

什么样的人是符合哲学道义的人，就要努力成为什么样的人。对神明要心存敬畏，对朋友要友爱。人生苦短，我们在尘世的生命只有这唯一的收获：虔诚的性格与仁爱的行为。

——《沉思录》，6-30

人生是一场战争，一段旅途，身后的名声也只会渐渐湮灭。那靠什么来保护、指引我们呢？只有一样东西——这便是哲学。

——《沉思录》，2-17

第2卷的最后一章对"哲学"的内涵进行了如下雄辩的论述。为了守护内心的神明（理性），要对自己的正面与负面感情加以控制。不要肆意妄为，不要伪善和说谎，不要和他人进行比较、诉说自己的委屈，对上天给予我们的事物都充满喜悦地接受。自然界中不存在恶，只有无穷变化和不断分化的事物，透彻地理解这一点，就不会恐惧死亡。

这段话乍看上去不过是空洞乏味的道学家说教，但是普通人在好奇心驱使下虽然对收集信息非常敏感，却不关心自己是否可以在不出错的情况下做出判断，或者说对自己的判断力过于自信。因此在日常生活中过于随心所欲，对欲望毫无节制，甚至都不知道可以节制，并且从利己的角度出发，与他人进行比较，对自己的现状产生不满，对他人倾诉心中的不平之情，结果在人际关系上就会产生摩擦或纠葛。

## 三种生活的艺术

本书第一部第3章中提到过，爱比克泰德将"成为善美之人必经的修炼"分为三个领域(《语录》,3-2-1至3-2-2)，《沉思录》

中也做了类似的划分。

无论何时何地,这都是你能够做到的(epi soi):1.要满足于命运现在分配给你的一切;2.要公正地对待你现在的邻人;3.要谨慎地保持你现在的想法(phanatasia),以免那些你还没有完全把握的念头(akatalepton)混进你的思想。

——《沉思录》,7-54

阿多认为,以这段内容为基准,《沉思录》中大部分内容都是对以上三项生存法则(或者是其中的一项)的不同类型的言说。马可也把这种行为准则称为信条(dogma,见《沉思录》,2-3、3-13、4-49)。所谓"信条",是中期斯多亚派哲学家波西多尼常用的概念,爱比克泰德也曾频繁使用(《语录》,1-3-1、1-18-20、3-10-1),这是将某些特定行为基础正当化之后建立的普遍性原则,多以很短的命题表示出来。然后,这些命题被当成斯多亚哲学的基本原则得到不断演绎。

在任何时候觉得自己遭受了不幸,请记住这一原则:这并非不幸,我的勇敢承担使它变成了幸运。

——《沉思录》,4-49

你从未发现一种幸福的生活。机锋暗藏的辩论不是,财富不是,名声不是,感官享乐也不是,这些都不能算作幸福的生活,那么何谓幸福？就在于按照人的本性去行事。

那怎样才能做到呢？他的任何动机与行为必定要遵守某些原则。什么原则？有关善恶的原则：如果一件事不能使人得到公正、节制、勇敢和自由，那么就不能算是善的；如果一件事不会使人成为与上述品质相反的人，那么就不能说它是恶的。

——《沉思录》，8-1

这种原则在马可这里被称为"定理"（theorema，神谷译为"法则""一般原理"，《沉思录》，11-5、4-2）。人类的善和幸福是从对宇宙原理的洞察中演绎出来的。从这个意义上说伦理学是"生活的艺术"，自然科学从属于这一原理之下。但是信条与认知或方法不同，一旦理解信条就可以一通百通。

你所持的信条乃是有生命的。除非那与它们相应的表象（phantasia）熄灭了，不然它们怎么会消亡？但不断把这表象的火焰扇旺，是你可以做到的（epi soi）。

——《沉思录》，7-2

## 信条与箴言

将自己内心已经熄灭了火光的想象再次点燃——这就是《沉

思录》中对信条进行反复陈述的意义。马可认为同时代那些向往田间、海岸、山野间的别墅的罗马上层社会的兴趣是庸俗的，劝说他们回归内心。

没有比自己内心更为宁静无忧的归隐之地了。

——《沉思录》，4-3

但这并非畏惧人群的"自我封闭"。重要的是按照这段文字说的去做，周而复始地让内心回归平静，自己的内心需要牢记这简洁且本质性的要领。马可将这条要领以不同的内容反复展开阐释，共总结为以下8项内容。

如果你对什么事不满，你便忘了这些：1.所有事物的出现都是顺应宇宙本性的。2.别人的错误由他承担，与你无关。3.一切发生的事情，过去如此，将来也会如此，现在同样如此。同时，你也忘了：4.个体的人和整个人类之间有着多么紧密的联系，不是由于血缘子嗣的维系，而是因为人类共享的是同一种理性。你还忘了：5.每个人的理智都是一位神明，都是神性的流溢。6.没有什么真正属于我们自己，我们的孩子、身体乃至灵魂都是来自神明。7.一切事物都来自判断。8.每个人都只能生活在现在，他失去的也只是现在。

——《沉思录》，12-26

以上这段文字用简洁的格言式文体将要点逐一列举出来了。除此以外还有对某一点进行单独论述的，也有将几点放在一起论述的（《沉思录》，2-1、4-3、4-26、7-22、8-21、9-18、12-7），这些文字几乎囊括了《沉思录》中所有的主题。

由此在自爱比克泰德以来最普遍的斯多亚派原则，即"善恶只存在于我们内心之中"之外，《沉思录》又为它加上了一条"我们的看法和意愿（hypolepsis）也存在于我们的内心（epi soi）之中"（《沉思录》，12-22）。由这项一般性原则出发则可得到以下结论："给我们带来烦恼的恶或损失都是我们自身的行为"（《沉思录》，4-3、11-18），"你经历的一切都是为你安排的"（《沉思录》，4-26、12-8），"一切都取决于我们的看法（hypolepsis）"（《沉思录》，2-15、12-22），"外在事物与心灵无关，一切烦扰都来自内心"（《沉思录》，4-3），"人所犯的一切错误都是由于自身的无知或错误的判断"（《沉思录》，2-1、4-3、11-18）。

先看前文 8 项内容中的第 3 项。无论时间长短，只要站在现在这个时间点上就可以看到过去以及未来的全貌，无论是宇宙还是人类历史皆是如此。这是产生"永恒的现在"这种说法的依据。

> 万事万物根本上都是一样的，在无穷无尽地循环往复。
> 
> ——《沉思录》，2-14

一切事物的种类（homogenes）和形式（homoeides）没有什

么不同。

——《沉思录》，6-37

宇宙的本性本来就喜欢变化，由于顺应这一本性，万物才得以出现。

——《沉思录》，9-35

人到了40岁，只要他具备中人之资，那已经发生和将要发生的，可以说他都已经见过了。

——《沉思录》，11-1

可以发现，引用的段落基本都是相同意义（但要注意并非都是从相同角度出发）的不断反复，这是《沉思录》繁冗的一面。神谷美惠子的译本将这些段落流畅典雅地翻译出来，但在理解马可对斯多亚派的术语进行有意识组合方面有所欠缺，其中核心概念［在此为"同型性"（homoeides）］的译法有时会因语境的变化发生改变（在其他诸如信条、主观、命运、表象、理性、法则、思念、事物、义务、感情、意见、想象力、想念、知觉等词的译法上也有这种倾向）。考虑到该译本发行的时代的学术水平确有局限，这些算不上值得批评的缺陷。只是由于这种译法的存在，阅读神谷译本时，会有这些固定表达并非反复出现的错觉，应当予以注意。

### 三个规律、三个领域、三个实在

阿多认为前文引用的第 7 卷第 54 章的内容集中表达了马可对生存规律的认识。可以说这种规律是约束人类行为的准则,由第 1 条(对自身的思考)、第 2 条(自我与宇宙自然的必然性之间的关系)、第 3 条(自我与他人之间的关系)三个范畴构成。这三种规律又与"判断"(hypolepsis)、"欲求"(orexis)和"倾向性"(horme)这三种内心活动相对应。事实上爱比克泰德(《提要》,1)在列举"内在的事物"时就已经划分了上述三者。这三者既是人类的精神机能,也是我们应当通过内心活动,或者说修养与锻炼进行陶冶的对象。

这三个规律又与实在领域内的三个概念相对应,即作为判断能力的指导理性(hegemonikon, endon heautou daimon),作为大宇宙的宇宙秩序,作为小宇宙的人类本性。这些领域间的关系如下表所示。

| 活动 | 判断 | 欲求 | 行为倾向 |
| --- | --- | --- | --- |
| 实在的领域 | 判断能力(理性) | 自然秩序(大宇宙) | 人类本性(小宇宙) |
| 内心态度 | 客观性(把握表象) | 对命运的认同 | 正义与利他性 |

### 作为规则变奏的《沉思录》

当我们在《沉思录》中发现图示的框架后,就会发现全书还有以下三个规则的变奏。添加的序号在上下文中都是相对应的。

1. 如果你现在的判断合乎事实。2. 你现在的行为合乎公共利益（koinonike）。3. 你现在对一切来自外界的事情都能感到满足（euarestike）。

——《沉思录》，9-6

如果能做到以下几点，也可以说理性发挥得顺利，即，1. 不赞同任何错误的或有疑问的表象。2. 一切行为的动机都出于公共的利益，只在力所能及的范围内表示好恶。3. 满足于宇宙本性对它的安排。

——《沉思录》，8-7

1. 驱散想象。2. 克制冲动倾向。3. 消除欲望，确保自己能通过理性自我控制。

——《沉思录》，9-7

所谓"千古留名"不过是虚无罢了。那么什么才是值得我们追求的呢？只有这几件：1. 思想公正，奉献社会。2. 为人诚实。3. 对所经历的一切都坦然愉快地接受，因为这一切都源于同一个命运的安排。

——《沉思录》，4-33

各种德行都可以归纳到下面三种类型中,这也与三个规则相对应。

一盏灯,不到熄灭就不会失去光芒。你还没有死,但1.真理,2.正义,3.克制,这些美德的光芒就要在你心里熄灭了吗?

——《沉思录》,12-15

正是由于你的判断力,1.使你不至于做出草率的判断;2.使你对人友善;3.对神虔敬。

——《沉思录》,3-9

上述引用都是三组范畴同时出现的情况,而书中只出现一个或两个范畴的不完整之处非常多见(《沉思录》,10-11、8-23、7-57、4-7、12-20)。由此可见,《沉思录》的文本表面上是无秩序的结构和不断发生的重复与反复,但实际上其内在结构是以斯多亚派哲学的三个规则为基础进行演绎和展开的,是具有高度紧密结构的文本。

# 第 4 章 | 精神的培育：想象力的绽放与书写的意义

**具有实践性的修养论课程**

《沉思录》并未单纯地将信条公式化。虽然信条作为主导个人行为的主观原理具备现代哲学"命题"（maxim）的意义，但想要让它发挥作用，不仅需要理性，还需要运用想象力。

"我今日所吩咐你的诫命不是你难行的，也不是离你远的。……这话却离你甚近，就在你口中，在你心里，使你可以遵行。"（《申命记》，30：11—14）在《圣经·旧约》中，虽然摩西以颁布律法来对以色列的民众进行训诫，但宗教在实际修行中，往往要语言与行动层面相配合，比如"向上帝祈祷""念佛""数天主教的念珠"等。从这个意义上看斯多亚派也准备了具备实践性的教养论课程。

滑稽戏（mimos）、战争、恐惧、昏睡、奴役——此类事物会日复一日地消解你的神圣信条。这是因为你并未审视自然就在心里建立起这些信条。

——《沉思录》，10-9，对原文的解读基于盖特克和法夸尔森的修改评注版[1]

为了让日常生活中容易被消磨的信条不断焕发生机，对以自然科学研究为基础的原理进行考察是必要的，同时也需要在平时运用想象力，进行印象训练。其中对我们具有最重大意义的，是如何面对死亡。

## 想象死亡

奥古斯丁的宫廷——他的妻女、子嗣、祖先、姐妹、阿格瑞帕、亲属、伙伴和朋友，阿瑞乌斯、梅西纳斯、医生和祭司——整个宫廷里的人都死了。再看其他衰落的皇朝，那不是一个人的死，而是整个家族的灭亡，例如庞贝家族。试想那句墓碑上的铭文——"一族仅存之子"——他的前人已经纷纷离世，最终只剩下这仅存的独苗：又一个家族彻底灭亡了。

——《沉思录》，8-31

如果回想一下维斯佩申时代，你会发现那时人们的经历和现在没有什么不同：结婚、生育、生病、死亡、打仗、吃喝、买卖、

---

[1]《沉思录》的盖特克1652年译本和法夸尔森1944年译本都不完全忠实于原文，而是经过译者润色的评注版（但现代普遍对盖特克的译本给予好评，认为其评注较好地还原了作者的本意）。日文该条文本引用参考了盖特克和法夸尔森的译本，因此称其为"对原文的解读"，而非直接引用马可·奥勒留的原文。——译者注

耕种、阿谀奉承、自吹自擂、猜疑、算计、诅咒别人、抱怨命运、柔情蜜意、积累钱财、梦想着做高官、当皇帝；到如今这些人都已经死去，不复存在。

再看看图拉真时代的人吧，不也都是这样吗？往日种种，杳无踪迹。再看看所有朝代和国家的人吧，无论生前如何竭尽全力，功勋卓著，短暂的一生还不是很快走到头，死后化为元素？关键是想想那些你熟知的人吧，那些人只会追逐虚名，而不知道自己身上真正的责任，有一点虚名便沾沾自喜的人。最重要的是要记住，你做每件事都要以事情本身的价值来判断，如果不必为那些鸡毛蒜皮的小事忙碌，也就不会失去信心或者轻易放弃。

——《沉思录》，4-32

要常常这样想：无论什么身份、什么职业、什么种族，那些人都已经消失了。

——《沉思录》，6-47

## 忧郁的气质与对世事无常的感慨

《沉思录》第6卷第47节中写了一连串希腊、罗马时代著名人物的名字。由于篇幅过长在此省略引用，大概无论谁看到这些名字并逐一读下去，都会觉得冗长繁琐吧。毫无意义地罗列人名，从修辞上看也会产生反效果吧。恰恰因为如此，我们才更应该重新考虑这些看起来有缺欠的写法。在此我们先回想一下本书第一部第3章中提到的,爱比克泰德对印象训练必要性的反复强调。他让我们从身边熟悉的事物,如花瓶或酒杯的破损,去联想与亲爱的妻子生离死别时陷入悲伤和慌乱的情形(《提要》,3-26)。

《沉思录》使用的手法与"去年之雪今何在""年年岁岁花相似,岁岁年年人不同"这样的文学作品类似,通过想象将眼前的现实与曾经的景象形成对比,从而让人感叹时间的流逝或人世荣华的虚妄。《沉思录》中提到死亡的文字异常之多。虽然这是斯多亚哲学的传统,在塞涅卡《论人生之短暂》以及爱比克泰德《语录》《提要》,还有西塞罗《论晚年》之中都有体现,但在《沉思录》中更加突出,可以说整本书都笼罩在忧愁的阴影中。古典学者E.R.多兹认为在马可"时时透露着无所依归的悲凉"心境之中,能够读出在动荡时代对自我认同的危机感。而开辟了爱比克泰德研究新境界的学者朗在致笔者(荻野)的信件中吐露:"与爱比克泰德相比,对马可沉迷于忧郁的调子怎么都无法产生好感。"恐怕这些感叹正是由于充斥在《沉思录》全书中的对死亡迫近的感知造成的。而日本文学传统中原有的"无常"观念,由于时光流转产生对瞬间的无力感,从而在无尽的哀伤中汲取无穷的美感,如果将马可的情感与这种美学观念相对照,那么我国的读者恐怕不会对他的情感产生太多异样的感觉,并能够对其产生共鸣。

## 在永恒的形式下

但不可忽视的是,马可的感情并非对于世事无常的情绪化表达,而显示出一种坚毅的品质。

要学会蔑视死亡,有一个简单而有效的办法,那就是想想那些到死也牢牢抓住生命的人。比起早亡的人,难道他们多得了什么吗?……你身后的时间是一个无底洞,你前面的时间也看不到尽头。在这无限的实践当中,哪怕只活3天,和活了3代又有什么差别呢?

——《沉思录》,4-50

审视人类的图景,如同从高处俯瞰人世间的林林总总。

——《沉思录》,7-48

试着从高处俯瞰那无穷无尽的人群,他们没完没了的仪式,他们在狂暴或宁静海面上的航行,也看那形形色色的人如何出生、生活和死去。……后世的传颂,今人的赞美,都是不值一提的。

——《沉思录》,9-30

"从高处俯瞰"的意思是将每个个体所在的特殊位置都纳入视野范围内,构建一种自他对应的广阔视野。这种思维与斯宾诺莎有名的理念"理性的本性在于在某种永恒的形式下考察事物"(res sub quadam aeternitatis specie percipere)(《伦理学》,2-44-2)相通。但是对世界的垂直观照未必每次都产生相同的结果。米歇尔·福柯认为,即便俯瞰同一个世界,也可能带来对伦理的不同认识。如果说塞涅卡会带着"轻微的讽刺"对主体身份进行确认,这种确认建立在安定的主体存在基础上,与此相对,马可皇帝则会产生"自我认同的反复效果",认为个体的人不过是支配整个世界的理性的一部分,也就是说导致个别主体性的解体(《主体解释学》,福柯1982年2月24日演讲,详见文末参考文献)。

## 不在任何地方,也无处不在

列举出一连串的专有名词从而产生丰富而具体的想象,这种启发连续的想象力的格言在《沉思录》中随处可见(《沉思录》,7-19、8-25、8-37、12-27)。但是对于"这些人如今安在"(《沉思录》,10-31、12-27)的问题,在回答"无迹可寻"的同时也存在"或者说是无处不在"(《沉思录》,10-31)的回答(但在某些段落中也可以译为"不知去向何处")。

两人(马其顿的亚历山大和他的马夫)在死后便完全平等了,因为他们要么都回到了宇宙繁衍生息的规则(logoi

spermatikoi)之中,要么就都消散成了无数的原子。

——《沉思录》,6-24

整个宇宙处在不断繁衍变化的过程之中,以人体的新陈代谢来打比方就会明白,物质之间新旧交替,某样事物生成的同时,就会有其他事物消失。这两个过程,即甲之生成与乙之消失,如同一张纸的正反面,无法割裂开来单独存在。从某种极端的角度看,世界上没有"产生新事物"的余地。这也可以说是赫拉克利特那谜一般的箴言的变奏曲:"一件事物……无论是生是死,是清醒是昏迷,是年轻还是衰老。因为事物是相互转化的,可以从那样的状态转化为这样的状态。"(B88,另有其他章节如10、31、36、76等)赫拉克利特是一位与斯多亚派思想家非常接近的思想家,比如重视火元素的特殊自然观,重视主导一切事物的逻各斯理念以及泛神论性质的宇宙观等,事实上在赫拉克利特的著作中,有不少观点也被斯多亚派继承下来了。

从这样的视角看——或者说从我们自身无法避免的死这一约束性条件(aspect)看——死固然是一个事实,但也不过是构成另一种事实——即其他事物生成的背景罢了。并且这样的世界是由统一的理性和规则决定的,也可以说,假如把不断的生死循环看作一个整体,并对其"善"给予肯定,那么世间所有的事物中就没有产生恶的余地了,现世就是"善恶的彼岸"。对死亡的恐惧,以及对此莫名的避讳,总会消散蒸发。这一点正是斯多亚派的核心理念。

只是对马可来说，在这种印象训练之外，还有一个重要的修炼，这就是著述。

上一章已分析过，《沉思录》不是单纯地将感想或经历的记录按时间顺序排列起来的日记，而是将斯多亚派主张的一系列"生存的规则"进行各种各样的展开。其结果产生了相当多的重复与反复。随着阅读的进展，《沉思录》的读者如同在洞穴中漫步，会听到不绝于耳的回声。并且有些反复在用词上几乎完全相同。

如果一件事物不能使人变坏，它怎么会使他的生活变坏呢？
——《沉思录》，2-11

凡不会使人变坏的东西，也不会使他的生活变坏，无论从外面还是里面都损害不了他。
——《沉思录》，4-8

一切都稍纵即逝，无论是记住这些的人，还是那被记住的一切。
——《沉思录》，4-35

生命短暂，无论对赞颂者还是被赞颂者，无论对记住这些的人还是那被记住的事物。
——《沉思录》，8-21

最有利于提升思想境界的事情，莫过于切实而有条理地审视生活中的每一样事物。

——《沉思录》，3-11

系统地研究观察万事万物如何更替转化，始终潜心于此，认真地训练自己——没有比这更好的提升思想境界的方法了。

——《沉思录》，10-11

或许是因为神谷美惠子的译文会根据上下文调整用词，又或许是因为没有顾及《沉思录》中的内在结构，从译文看可能重复度没那么高。这几处引文中原文的表达几乎一模一样，没必要分别使用不同的词来翻译，或许不这样翻译会更好。在这一点上，水地宗明的译文虽然不那么流畅，但在涉及斯多亚派的术语时，自始至终都忠于原文。

在第8卷第34章和第11卷第8章也可看到类似的相似表达。因原文过长所以此处省略引用。另外斯多亚派的世界观原则"要划分质料（to aitiodes）和因由（to hylikon）"（《沉思录》，4-21），与此非常相似的表达前后出现过多次。但这并不是学校里讲授自然科学知识时那种洗脑式的反复灌输。当你遇到烦恼或困惑时，只要记得这一原则，就不会"像木偶一样被操纵"（《沉思录》，7-29），反而会不断磨炼自己的理性，这时这一公式就会被反复地召唤出来。这让我们想到在考试中遇到难题就会"先从容易的题开始解答"的定律。阿多认为，马可对这个公式的引用具有"存在主义式的意义"。原本在引用这一原则时,论证和论据都是不可缺少的。这并非不证自明的公理。但马可是与自己对话,那就没必要对他人一一进行说明了。他的书写说到底还是为了给自己看。

**爱比克泰德也在书写**

在这一点上依然可以说马可是爱比克泰德的忠实弟子。爱比克泰德在《语录》的开头,继对"存在于我们内心的事物和在内心以外的事物"进行考察后,还叮嘱"哲学学者务必留心以上概念,一定要每日反复书写、不断练习"(《语录》,1-1-25)。在其他段落中也写道:"无论白天黑夜都要把上面的话放在手边,抄录下来,反复朗读。还要自己反复思考,并与他人分享。"(《语录》,3-24-103)

本书第一部第3章中介绍过,被看作爱氏"著作"的《语录》和《提要》实际上是其弟子阿利安继承色诺芬之志执笔写成的,爱氏自己并未执笔(也可能是意识到苏格拉底和第欧根尼的做法)。即便如此,从著作的内容看,这两本书也与在修行过程中有意识写给他人看的"著作"不同,所有的记录无非为了给自己备用。

"让人感到不安的并非事件(pragma)本身,而是对事件的看法(dogmata)。……但是当我们陷入悲伤或不安时,不要谴责别人也不要谴责自己，或者说不要谴责自己的想法。"(《提要》，5）那么这里的"谴责想法"是何意呢？对于事物的判断（hypolepsis）及其产生的结果——欲望（orexis），以及对外界的冲动（horme）都具备可言说的结构。触碰到未知的东西下意识说出"好热"的时候，虽然这个感觉没什么差错，但我们并不清楚究竟什么是热的，为什么会产生这样的感觉。这不过就是所谓模糊的、不具备分层结构的印象或观念而已。对此进行观察和反省，才会知道什么是热的，才能了解具体情况。这种对于某种表象是否应该表示赞同，或者说对真伪的判断，就好比自己与自己的一场对话过程。从这个意义上说，所谓思考即为从柏拉图说的"在沉默中对自己说的话"（《泰阿泰德篇》，190A）发展而来的"内在对话"罢了。

## 自我对话的训诫

斯多亚派生活的艺术要领主要集中在这一点上，即不能将这种内在的自我对话无限推衍，要对其巧妙控制。前面提到的印象训练，实际上也是为这一目的而进行的，但为了完善这一训练，最好还是自己写点东西。

爱比克泰德的讲话（diatribe），是通过现实中的对话最终让每一位门下弟子都能养成自我对话习惯的教程。不难联想，在这种训练中苏格拉底的诡辩对话术在哲学方法论层面具有决定性意义。另外一种修炼则是（不让外人看见）用自我书写达到自我训诫的目的。正如"信条是不会消亡的，但不断把这些思想的火焰扇旺，是你可以做到的"（《沉思录》，7-2）所言，这种修炼是为了把信条呈现在自己眼前。

以此为目的的书写行为，既不是单纯的日记或备忘录，也不是给别人看的"著作"，而是斯多亚派修行的一部分。但是这种被称为修行的书写行为，自然是需要不断重复的。而写成的东西也像学生的课堂笔记，不再需要了可能就会被搁置到一边。但是经年累月地不停书写也会积累起相当大的量。如果说《沉思录》就是这种个人备忘录的话，文本中不断重复的意义我们也就可以理解了吧。

斯多亚派的"信条"并不是像数学公式一样学完就完的原理。如同 DNA 是记录着遗传信息的生命设计图，不复制到细胞中去就无法开始生命的复制，信息系统与生命系统从根本上是不同的。因此信条并不是硬邦邦的命题，人们需将它与自己的生活经历和思维联系在一起，让它成为像外科医生熟练使用的工具那样可以随时拿来用的东西（《沉思录》，3-13）。然而信条就像火焰般易逝，在日常生活中很容易被抛在脑后。因此为了再次点燃它，就需要不停地在脑海里重复它。这就需要抄写记录。但是对同一个词进行单调的重复也不够，需要根据实际情况对用词进行些许调整。因此在这种书写修行中，重要的不是留下怎样的文字记录，而是书写这一行为本身。

### 《沉思录》的精髓

> 为最不值得一提的事情而目空一切,这最可悲也最可笑。
> ——《沉思录》,12-27

无论是爱比克泰德还是马可,他们的斯多亚派哲学算不上有完整的体系。然而对他们来说,具备了解自己没有足够智慧的自知之明才是真正的哲学。因此阅读《沉思录》并不是为了沿着文本表层去考察斯多亚派的学说,或为了在思想史的坐标系中对马可进行定位,并评价其学说是否为正统的斯多亚主义,对其中的偏离或折中进行批判。必须承认的是,现在通行的文本(即便具备一定程度的体系感,而非克利希波斯《断章》那样的文本)作为系统阐述斯多亚派学说的"著作"是不完整的。而对读者来说,从看上去杂乱无序的手稿集中提取出反复出现的主题,并对这一主题的变奏进行辨认是很重要的。思考《沉思录》的成书过程,就好比看到这本书诞生的瞬间——只有这样才能体会出哲学史上独一无二的《沉思录》的精髓吧。

### 从圣经朗读会到灵修

阿多认为《沉思录》中体现出的"神操"(exercices spirituels)要素不是斯多亚派独有的,而是具有希腊主义倾向的各学派共通的理念,可以作为理解古代后期哲学的坐标轴。而从《沉思录》书写时表现出的修行式要素中也可以看到斯多亚派学说对初期基督教和经院哲学产生的影响,该要素与《圣经》解释的方法一道对"圣经朗读会"(lectio divina)传统的形成做出了贡献。这种影响一直贯穿整个西欧中世纪,甚至对西班牙神秘主义体系中的一支,伊格纳西奥·洛佩兹·德·罗耀拉(Ignacio López de Loyola,约1491—1556年)也产生了影响。伊格纳西奥的《灵修》(*Exercitia Spiritualia*)是以自身的神秘体验为基础为修道者提供的修行方案,这一简明的体系化方法对后来的基督教会的属灵论也产生了很大影响。

## 向可疑者发问

是的,我现在正在写《精神的堡垒》这本书。更正确的说法是,被交稿日期所迫不敢面对编辑的催促,拼尽全力在电脑前敲击着键盘。由于已经确定这是一本要出版的读物,要为读者的方便着想,同时多少也会关心销量,我的精神几乎完全处于紧绷状态。即便如此,这样的赶稿还是让我产生那种可能谁都或多或少有过的感觉,书写这一行为就是把自己内心隐秘的想法呈现在自己眼前。自己究竟在想什么,我好像很清楚这一点,但实际上它的表面还蒙着一层半透明的薄膜。我以为自己的"内面"是简单明了的,但实际上却相当怪异,是需要反复琢磨、反复追问,身份不明的可疑者(参考爱比克泰德,《语录》,3-12)。

我的恩师井上忠[1]曾宣称哲学是"雕刻"而不是"绘画",是找出世界观和人生观中看似荒谬实则正确的理论或学说,因此是排斥"白描"的。这宣告了社会上和学院中对哲学模糊的刻板印象的大幅破灭。随后,在井上快到达东京大学的退休年龄后(当时我是他的助手),他以"语言结构分析"为武器单枪匹马地踏入了个体性研究的最前沿,(生命的)"唯一回性"这一未知领域,把自己的思考暴露在活生生的生活现场中,把握着现实中不断奏出的鼓点。"雕刻"是那种用锤子一点一点凿出雕像的苦心孤诣的创作,老师非常喜欢这个比喻(雕刻家的"比喻史"可以追溯到普罗提诺,《论美》,1-6-9-8)。井上氏能够发现超越惯常思维且细致入微的语言空间结构,现在想一想,恐怕往日在演讲和宴席上与同僚或宾客相谈甚欢之时,他也是独自在心里构思着写作的吧,这是常人难以到达的境界。

---

[1] 井上忠(1926—2014),日本哲学家,东京大学名誉教授。

# 第5章 | 如何阅读充满谜团的第1卷：
## 美德的博物馆、回想录与自传

第一次阅读《沉思录》（按照从第1页开始阅读的顺序）的读者会发现，读第1卷开头部分，好比在充满家族成员和教师肖像画的走廊中来回穿行。如果不了解皇帝的生平，肯定会觉得本书不过是"绅士名录"罢了。较真儿的读者，会参考每一个人名的注释仔细阅读，但这样会花费相当多的时间。皇帝对每一位家庭成员和教师逐一表示信任和感谢，有些读者可能会被他高尚的人格所打动，有些读者也会从中感到一丝伪善的说教气息，对皇帝的态度充满怀疑。然而进入第2卷之后，文风立即有了很大转变。此时任何一位读者恐怕都会感到有些别扭，那么为什么要写第1卷呢？读者应该会产生这样的疑问。

大约15年前，我第一次参观伦敦的英国国家美术馆的经历很失败。当我鼓起勇气走进这家有名的美术馆时，发现它比我预想的小很多。在走廊两侧，挂满了像伊丽莎白一世、莎士比亚等自都铎王朝至现代给英国史增添光彩的著名人物的肖像。有一些是曾经在课本上看到过的，整体看上去非常壮观，让人感觉有些激动。但是走到第三层以后，才忽然觉得只有这么点吗？虽然有趣还是有趣，但也不禁感到失望。从后门出来之后，我才发现坐落在我对面的建筑才是国家美术馆，刚才去的是隔壁的国家肖像艺术馆。

## 谜一般的绅士名录

笔者认为初学者阅读《沉思录》时，最好先从第2卷开始读，读完全文后（或者读完大部分内容后）再回到第1卷。在解说马可的"思想"时，学者们通常也都忽略第1卷的内容，而在谈他的生平时，反而一定会提到的是尤利乌斯·卡庇托利努斯创作的马可传记（《哲学家马可·奥勒留的生涯》）。那么这部著作真是他的"自传"吗？无论内容还是结构都与其他各卷完全不同的第1卷，其执笔过程也明显与后面的第2卷至第12卷不同。第1卷的写作意图是什么，而且为什么要把这些内容放在全书的开头呢？一直以来，大多数研究者都认为第1卷未必是在第2卷至第12卷之前（也就是现在通行本的编排顺序）写成的。也就是说《沉思录》不一定要按照从第1卷开始读起的顺序阅读。但是第1卷被放在如今的通行本的开头，是马可死后，某位不知名的编辑的安排吗？如果是这样，那么编辑的意图又是什么呢？

看上去十分无聊、没有实质性内容的绅士名录，当我们逐渐深入思考《沉思录》的成书过程时，就会发现其中还有很多未解之谜。本章中，将以近期R. B.拉瑟福德具有划时代意义的研究（R. B. Rutherford, *The Meditations of Marcus Aurelius: A*

*Study*, 1989）为主要参考，看看我们应该如何阅读第 1 卷。拉瑟福德在其研究中用两章的篇幅（从文字量上来说占全文 1/3）去论述第 1 卷的背景并分析文本内容。作者的分析以对罗马文学史深厚的知识积累和精密的文本分析方法为基础，与此前主要从哲学和历史学角度进行的《沉思录》研究相比，其作品更显示出从文艺批评角度对作者的意图与性格进行考察的特征。

## 第 1 卷的特征

第 1 卷在全文中是最短的一卷。整卷由 17 节构成，每节都会涉及一位马可的家庭成员、教师或友人，内容稍显冗长。整卷记述了马可从他们身上学到什么美德，对养父安东尼努斯·庇护用了相当长篇幅的极尽溢美之词，最后也记述了从神那里受到的恩惠。初读之时，会觉得这不过是信笔写成的一篇个人回忆录。但是如果花些心思反复阅读，我们就会发现其中有一些特别之处。

第一，文中谈到的人物是按照明确的前后顺序编排的，且顺序不能颠倒。也就是说，从最亲近的父母、亲戚开始谈起，再从儿时的教育谈到包括哲学、文艺的中等、高等教育，然后讲到博学的友人，最后讲到养父。很明显，这个顺序就是他前半生精神世界的成长过程，以及在过程中受到影响的先后顺序。

第二，所记载的每个人都对应（他表达了深挚的谢意）一种特定的美德。并且在马可按照"一人一种品德"编排时，完全没有提及任何负面影响或者不好的老师。其记述是简洁明了的，甚少谈及具体事件或逸闻，形成静止而非流动的画面感。

第三，为了不反复谈相同的美德，马可在用词上很谨慎。章节划分也体现了不同话题间的自然过渡，第 3 节到第 4 节是关于如何使用金钱的，第 4 节到第 5 节是关于教育的，第 13 节到第 14 节是关于对家人的感情，第 14 节到第 15 节是关于正直的。这如同太阳光的光谱，从一种颜色到下一种颜色都是渐进式的变化。

第四，在谈及受到神的恩惠的最后一节（第 17 节）中，又可以看到一种短暂的新分节法。此处不是按照人名的顺序，而是把马可自己身边的人和事物分成妻子、财产、健康、学习、性等几个主题。这里稍微谈到了成绩不好、与恩师的纠葛、生病等危机或缺点。正是由于回顾了这种有缺欠的人生经历，才会对超越在人类之上的神以及命运的青睐有所感触。

综合以上几点看，第 1 卷的内容和我们最初的预想是完全相反的，马可并非通过描述亲人和恩师的肖像来表达对他们的怀念；相反，第 1 卷是有明确的结构意识、完成度相当高的叙述。下面的图表表示出每节的内容（参考 Hadot ed., *Marc Aurèle, Écrits Pour lui-même*, Tome Ⅰ, 1998，笔者有补充）。

**第1卷的构成**

一：父母、祖父（第1—4节）

(1) 祖父安尼乌斯·韦鲁斯二世，高尚与平和（第1节）

(2) 生父安尼乌斯·韦鲁斯三世，谦虚和男子气概（第2节）

(3) 母亲多米提亚·露西拉，敬畏之心和质朴（第3节）

(4) "曾祖父"（或许是他母亲的祖父）卡忒利乌斯·塞韦鲁斯，家庭教育（第4节）

二：教师（第5—11节）

A. 初等教育（第5—6节）

(1) 家庭教师，清心寡欲和专注（第5节）

(2) 狄奥吉那图斯，亲近哲学（第6节）

B. 哲学家（斯多亚派学者）（第7—9节）

(1) 拉斯蒂克斯，自我磨炼和对爱比克泰德的介绍（第7节）

(2) 阿珀洛尼厄斯，自由与平静的态度，教育与友情（第8节）

(3) 塞克斯特斯，亲近自然，信条的发现（第9节）

C. 文艺教育（第10—11节）

(1) 文法学家亚历山大，学会表达和不苛责粗鲁之人（第10节）

(2) 修辞学家弗朗特，宫廷的人际关系（第11节）

三：友人（第 12—15 节）

（1）柏拉图派的亚历山大，与人相处和责任（第 12 节）

（2）斯多亚派的卡图勒斯，友情、师兄弟情、亲情（第 13 节）

（3）逍遥派的西维勒斯，对真理和正义的爱（第 14 节）

（4）斯多亚派的马可西默斯，克己的精神，坦诚（第 15 节）

四：皇帝的典范，养父安东尼努斯·庇护的人格力量（第 16 节）

五：众神赐予的恩惠（第 17 节）


## 来自众神的恩惠（第 17 节）的层级分类

一：父母、亲人（第 1 句）

二：不要陷入错误（第 2—4 句）

A. 与家庭的摩擦（第 2 句）

B. 青年时代的纯洁（第 3—4 句）

三：养子关系的幸运（第 5—6 句）

A. 作为典范的皮乌斯帝（第 5 句）

B. 对弟弟奇乌斯的感激（第 6 句）

四：子女的教育（第 7 句）

五：哲学（第 8—11 句）

    A. 在修辞学和诗学方面没有取得进步（第8句）

    B. 对教师们的感谢（第9句）

    C. 与斯多亚派哲学家们的神交（第10句）

    D. 没有过度专注探索宇宙（第11句）

六：身体健康（第12句）

七：抑制情欲（第13句）

八：与恩师拉斯蒂克斯的争执（第14句）

九：陪伴母亲（第15句）

十：帮助有困难的朋友（第16—17句）

十一：温顺、质朴的妻子（第18句）

十二：教导孩子的良师（第19句）

十三：为寻求治病的良药而祈祷（第20—21句）

十四：适度的哲学学习（第22句）

十五：众神与命运的眷顾，总结（第23句）

## 不在场的众人

    第1卷看起来确实很像自传，但它与尤利乌斯·卡庇托利努斯的皇帝传记有根本区别。卡庇托利努斯的传记中有许多不明出处的传闻，因此可读性强，但是现在从信史的角度看，它存在很多缺陷。无论是哪一个文本，既然是"传记"，说到底其初衷还是要记录"事实"。可是将两个文本相互对照，我们就会发现《沉思录》第1卷中有两个没有出场的重要人物，他们是哈德良帝和希罗多德·阿提库斯。

马可对哈德良的态度，历来有很多推测。哈德良正是早早发现了马可具有帝王资质并提拔他为帝国继承者的人。但是他在马可17岁时就去世了。马可当然对他有深刻的记忆，其即位后与卢齐乌斯·韦鲁斯共同执政也是遵照哈德良的遗愿。但是晚年饱受诟病的哈德良帝，其阴险、残暴的性格，恐怕难以成为年轻的马可敬爱的对象。庇护帝非常强调美德，也是为掩饰先帝哈德良晚年的失德。

希罗多德·阿提库斯是马可的希腊语修辞学老师（卡庇托利努斯，《哲学家马可·奥勒留的生涯》，2）。在被称为"第二次哲学家时代"的公元2世纪，有很多辩论家活跃于罗马。珀列蒙、狄奥多图斯、亚历山大、赫谟根尼、阿里斯蒂德斯、哈德利阿诺斯等哲学家都与马可有过交流，马可也经常去听他们的演讲。希罗多德是哲学家圈子里的中心人物。公元176年，马可在雅典设立哲学与辩论术钦定讲座时，委任希罗多德从柏拉图派、斯多亚派、逍遥派和伊壁鸠鲁派中选出代表，希罗多德的演讲在当时也被称为"政治辩论的精华"并受到称赞（斐罗斯屈拉特，《新哲学家列传》，2-567）。但马可与修辞学和哲学教师之间的关系始终紧张。马可究竟怎样评价希罗多德虽然难以揣摩，但可以肯定，第1卷的绅士名录并非"如实"记录了马可的社交状况，而是优先考虑形式上的完整性的名录。

**来自后续各卷的证言**

第 1 卷中（除第 17 节）作者没有谈到自己，也看不到后续各卷中频繁出现的被称为第二人称"你"的人。但是第 1 卷存在的意义，作者在其他各卷中用各种方式进行了暗示。

迄今为止，你是怎样对待神明、父母、兄弟、妻子、孩子、师长、导师、朋友、同胞和奴仆的呢？你对这些人是不是做到"没有做过一件不得体的事，没有说过一句不得体的话"？[1]想想你经历过的一切，你忍受过的一切；你的生命快要走到尽头了，你也快要尽完自己的职责了；你曾经见过多少壮丽的景色，人世的喜乐悲欢你从来不以为然，对雄心壮志你无动于衷，对得罪你的人你总是以德报怨。

——《沉思录》，5-31

第 1 卷的内容是这种自省的实践。马可似乎很大程度上把对影响自己人生的家庭、恩师表示感谢当成一种义务。这是由于感到自己大限将至。并且，这并非对病弱的自己进行如实描写，而是要实践斯多亚派的生的规则，反而就要想象自己的死亡，也可以说他是有意识地将自己导向死亡。从这个意义上说，其他各卷中的斯多亚派哲学"规则的实践"已经在第 1 卷中以特殊的方式实现了，因此即便从文本内容上看第 1 卷与后续各卷不统一，但将其放在全书开头位置具有某种必然性。

---

[1] 引文出自荷马，《奥德赛》，4-690。

如果你想让自己欢欣鼓舞，就想想你身边那些人的好品质吧。这一个精力充沛，那一个虚怀若谷，还有一个乐善好施，其他各人有各人的优点。想想那些与我们生活在一起的人身上都有什么美德，纷纷列举出来，越多越好，没有什么比这更让人高兴的了。一定要时时记着众人的这些美德。

——《沉思录》，6-48

《沉思录》中作者的孤独身影总是隐约可见。围绕在自己身边的人，都是应当宽容和容忍的对象（《沉思录》，2-1），"爱那些注定与你一起生活的人，要真诚地爱他们"（《沉思录》，6-39）。这些箴言，只不过是理念，实际生活中马可恐怕远未实现人际关系的和谐。但是，马可并不只把这件事当成单纯的义务，而是满怀欣喜地去进行尝试。斯多亚派推崇的美德，并不只是抽象的命题，而是要在日常生活的点滴中切实执行的——这一目标在第1卷中已经写到。

活动的中止，欲望或冲动的停歇，也就是说，它们的死亡都不是恶。想象你的生命不同阶段——童年、青年、盛年、老年。其中的每一次变化也都是一次死亡；这有什么可怕的呢？回想一下你在祖父膝下的生活，你在母亲身边的时光，你在（养）父座前的日子。你也会发现自己失去了很多，经历过那么多变化和死亡，那么再问问你自己："有什么可怕的吗？"同样地，你生命的停止、中断和变化也没有什么可怕的。

——《沉思录》，9-21

一般认为《沉思录》是马可在 50 岁之后，在与北方作战时在前线阵地上所写。再进行进一步的推测就比较困难了（详细的考证参考拉瑟福德，pp. 45–47）。但可以确定的是，第 1 卷中列举的人物当时大多已经亡故了（拉瑟福德，p. 123）。这样看来，本卷就不是对尚在世之人的颂词（eulogia），而充满了追忆故人（memoria）的色彩。

无论做什么事，都要像安东尼[1]那样：像他一样满怀热忱地按照理性行事，像他一样公正无私，像他一样虔诚，表情庄重，待人亲切，像他一样不为虚名所累，像他一样专注于理解事物的本质。……以他为楷模吧，这样在你生命的最后时刻来临之际，你也能像他一样问心无愧。

——《沉思录》，6-30

引用中省略的部分，是对庇护帝巨细无遗的称赞。但是这一段与第 1 卷第 16 节有何关联呢？根据拉瑟福德的判断，表达称赞缘由的 6-48 是发端，6-30 是白描，都比完整度更高的 1-16 完成时间早。但是，这是否能够说明第 1 卷整卷都写于其他卷之后呢？实际上，认为本应放在末尾的一卷被误放在了全文之首的假设［尼斯贝特（Nisbet）[2]的观点］是没有根据的。

---

[1] 参看《沉思录》1-16，此处的安东尼即马可的养父安东尼努斯·庇护。马可在《沉思录》1-16 处已经表达过一番对养父的赞美。因此下文作者才会有将《沉思录》6-48、6-60 与 1-16 并提的讲法。——编者注
[2] 似指剑桥大学古典学教授 Robin Nisbet（1925—2013），作者在此没有给出人物全名。——编者注

### 众皇帝的自传

那么,马可是按照什么样的布局构想来安排亲人、恩师、友人的美德表的呢?对此需要对皇帝传记以及皇帝自传的文学史背景进行考察。

罗马时代有能力的政治家、将军通常都会留下关于自己政治军事成就的记录。这个习惯可以追溯到共和政治末期的政治家。较为人熟知的有西塞罗(《给阿提克斯的信》,2∶1—2)和恺撒(《高卢战记》),此外还有格拉古兄弟和执政官苏拉。屋大维除了有名的《功德录》(*Ras Gestae*)以外还有名目繁多的自传,其中大部分都被收录在苏维托尼乌斯的《罗马十二帝王传》中。历代罗马皇帝(提比略、图密善、尼禄、图拉真、哈德良)以及辅佐他们的将军(阿格里帕、科尔布罗等)都循此先例,写下了各式各样的战记。但这些作品无一例外都充满了对自己宏伟业绩的吹嘘,对自己的政策进行正当化的解释,但马可则与他们形成鲜明对照。他并未夸耀自己,反而全篇充满了对自己的谴责。

在后续的第 2 至 12 卷中,基本没有提及有具体日期的事件(可能有一个例外:"一只蜘蛛抓住了苍蝇便自鸣得意,他们俘虏了萨马提亚人时,也常常自鸣得意,你会发现这不都是强盗吗?"《沉思录》,10-10),也没有关于每天的生活的具体描写(这也可能有一个例外是"如果你见过被切断的手足、被砍下的头颅、身首异处的景象",《沉思录》,8-34)。全书通篇几乎都是抽象化的表达,不记录行军或出行,这显然与将事件或感想按日期排列起来的"日志"不同。据记载"马可皇帝只吃很少的东西，肠胃虚弱，我给他开过常用药的处方"（卡西乌斯·狄奥，《罗马史》，72-6-3），马可也从未提及自己的健康状况，但在第1卷中倾吐心声时写到"在梦中告诉我治疗咳血和眩晕的药方"（《沉思录》，1-17-20）。

## 美德的博物馆

宫廷仪式上朗诵的"颂词"（enkomion）或者相反在法庭或议会上的"弹劾"（psogos）在辩论史上都是古老的类型。这些类型逐渐发展形成了传记或人物小传。色诺芬的《阿格西劳斯二世》和苏格拉底的《埃瓦戈拉斯传》是现存最古老的例子，两者都是长篇大论的赞美。与此相对，后来的普卢塔克的《希腊罗马名人传》和《编年史》就并非单纯的赞美，而是包含着相当辛辣的批判，但这也是由传记这一文学类型发展而来的。

马可对养父庇护帝极尽溢美之词（《沉思录》，1-16、6-30）虽然其目的并非为庇护帝作传，但如果将其描述方式与传记作家做比较，便会发现类似的特质。普卢塔克与塔西佗作为历史学家并不只是单纯记录史实，而是对人物性格研究抱有极大兴趣。他们有时会引用破坏人物形象的野史或传闻，但这不是为了通过丑闻增强喜剧效果，而是通过这种插入语来烘托人物的人格和行动特征。

亚里士多德的伦理学，提供了一整套理解城邦社会中的美德与恶行的本质、成因以及分类的公式。逍遥学派的泰奥弗拉斯多继承了亚氏的思想，其《性格论》让人们见识到他对人性敏锐的观察力，这本书巧妙地描述了美德和恶行（主要是恶行）是如何在实践中发挥具体作用的。但这本书仅是从历史上没有留下姓名的抽象人物中选取出典型进行研究的。

罗马人与此不同，他们喜欢通过历史上真实的人物来表现具象化的德行。辩论家在需要举例（exempla）时，最常引用的是西塞罗（《布鲁图斯》，322）和昆体良（《雄辩术原理》，12-2-29）。某一种德行也都代表着具有这种德行的伟人的传记，或者说与爱国主义式的罗马赞美是一体两面的。提图斯·李维和塔西佗在描述历史时也对人物的道德进行褒贬，因此他们笔下的人物有时也会体现出模式化倾向。总之，名人传记不光是为了彰显旧日荣光，也是怀着忆旧的情绪对现实进行鞭挞，具有教育意义。在这种罗马历史叙述中，必然伴随着伦理意识。

## 哲学家传记

哲学领域的传记也与此类似。从讽刺作家的角度看，进行伦理说教的道学家实际上都戴着伪善的面具，是俗不可耐的可疑人物。这种辛辣的批评，明显是冲着标榜反俗的犬儒主义来的。爱比克泰德曾痛击同时代的犬儒主义者："缺乏对神的敬畏令人感到羞耻，缺乏待人热情与智慧，远不及锡诺普的第欧根尼"（《语录》,3-22;《提要》,47)。作家卢西亚诺也认为他们"阴沉不知羞耻,自以为是赫拉克勒斯那样的英勇之士,无论何时都相信自己是有绝对自由的愚蠢之人",是诸学派中最没有价值的。

但是在斯多亚派内部,创始人芝诺和苏格拉底的传记依然被认为表现了真实的哲学家的典范形象进而受到尊重。柏拉图的对话集作为关于苏格拉底的回忆的史料受到重视,作品中不仅表达了对苏格拉底言行的赞赏,也将其树立为理想的哲学家形象。伊壁鸠鲁和毕达哥拉斯也因作为其学派的开创者而受到崇拜,同时也作为优秀的教师而受到尊重。佩尔西乌斯曾接受斯多亚派哲学家科努特斯的教导,并专门写诗献给老师,塞涅卡也在自己的著作中提到老师法比亚诺、塞克斯提乌斯、索提翁、阿塔罗斯的事迹(《道德书简》,100、108)。

> 伊壁鸠鲁派的作品中有这么一条箴言:要经常怀想古代的有德之士,引以为鉴。
>
> ——《沉思录》,11-26

古代作家都认识到了这种方法所具有的教育意义。从"想想身边人的好品德"(《沉思录》,6-48),"作为安东尼的弟子应当怎样作为"(《沉思录》,6-30)等用以自诫的格言看,马可和塞涅卡都位于一条线上。《沉思录》第1卷,是将展现前人的德行的罗马文学传统与归纳伦理规范的哲学方法相结合的结果。

## 马可的"告白"?

通常认为《沉思录》第1卷是马可的"自传",因此多将其与奥古斯丁的《忏悔录》相比较,虽然两者在时代和文化背景上有些许差异。写作内容基本都是回顾自己的一生以及与周围人的精神交流,感谢神给予的恩惠,从这一点说,两者有相似之处。并且从结构上看,奥古斯丁的《忏悔录》中自传的部分也占据了相当篇幅(第1—9卷),在对后续篇章的解释中,尤为重视的是与《创世记》的阐释相关的部分(第11—13卷)。

但是两者在其他方面有很大差异。奥古斯丁是在回到了故乡非洲,成为希波的司教不久后开始写作《忏悔录》的,据推测这时他45岁左右,用了3到4年完成了写作。这部回忆录只记述了他在皈依基督教之前的半生事迹,自始至终都从神如何救赎一个叫奥古斯丁的人这一视角展开叙述。或者说,他的前半生不过是一出戏,这出戏的真正主角是神(或者说是神的话语)。这本书的特点是,奥古斯丁在记述了人类(母亲莫妮卡和老师安布罗西乌斯等人)的德行的同时,也对自己的优柔和迷失、逃避等缺点和罪恶进行了自觉而深刻的挖掘。通过对这些阴郁内容的强调达到了反衬效果,以突出神的恩宠的强烈光辉。

马可的著作中则没有这么强烈的反差感。只是当他自己清醒地意识到死亡正在日益迫近时,尝试开拓斯多亚派悖论学说的应用领域,让它不仅是公式化的理论,且能够成为通过理性直观地把握世界、"以永恒的理性观察世界"的教育理念。事实上《沉思录》第1卷马可并未直接谈及自身,也没有与第二人称"你"的对话。他只是回忆家人师友那些闪光的美德,畅想神和命运的相关问题,从而把握自身与宇宙自然间的同构性。从这个意义上说,这是一种间接的自我表白。

# 结语　未来的《沉思录》

优兔网（YouTube）上有来自世界各地网友的投稿，一夜之间就能吸引很多人的注意，在写这本书时（2008年8月），我抱着"姑且一试"的心情检索了"Marcus""Aurelius""Marc Aurel""meditations"等词。令人惊讶的是（或许应该说这是理所当然的）居然有几十条搜索结果。

"虚拟大学"（Virtual University）的斯多亚派哲学讲座录像、仰拍的罗马的奥勒留圆柱像、俯瞰以弗所美术馆的马可像，这些影像资料都值得一看。但最有趣的还是那些花了各种心思设计的网站。比如用大家熟知的马可骑马像（静止图像）做背景图播放《沉思录》朗读音频的网站（读一卷大概需要几十分钟，没有全部看完），还有以"我喜欢的句子"为标题的"治愈系"网站，用《沉思录》中摘录出来的段落做成字幕，配上巴洛克风格的弦乐和风景照片当背景，有种宁静致远的感觉。使用最新的CG技术，让马可的形象眨眼和开口说话，朗读《沉思录》，令人忍俊不禁。现在只有英文网站，再过几年应该就会出现不同语种的新网站了吧。

现在学生去上课，几乎人手一台电子词典，不带手机的只有（年长的）教授，学术会议上的论文宣讲也都使用PPT。自古登堡延续至今的印刷书籍这一标准"书籍"样式，由于电子媒体的出现和通信技术的进步，也在发生巨大变化。我们不光可以看书，也可以在各种媒体中阅读《沉思录》。乔治·朗的古典英文译本《沉思录》已经可以在网上下载全文（http://classics.mit.edu/Antoninus/meditations.html）。

对于其他古典作家，我们也可以通过电子文本的优势进行"复合型关键词检索"，从事纯粹的学术研究。对于不想把《沉思录》当成纯粹的学术书或哲学书的读者（某种意义上的"非专业"读者），也有很多其他的选择。我在优兔网网站上的《沉思录》阅读中预感到新的可能性的存在。但是这究竟会对思想的走向产生怎样的影响，这个趋势是不容易预料的。

本书并非将《沉思录》看成斯多亚派学说的集成（或者说从初期斯多亚派的标准模式中脱离出来的程度），而是试图分析爱比克泰德建立的哲学观念"生的规则"如何可以在实践中灵活应用，并试图从应用规则的角度去理解《沉思录》。

禁欲式的生活方式并非被误解为"禁欲主义"的东西——单调的处事原则、个人化的生活兴趣、竞技比赛般的野蛮行为、非理性的唯心主义、道学家的说教——它不是以上任何一种。它是对事物表象的误解保持谨慎态度，或者不让自己陷入自我欺骗的理性训练，它也包括防止对他人的过度依赖，也包括构建和谐圆满的人际关系所需的处世格言，尽管如今"禁欲"或"修养"这样的词都成为反时代精神的表现了。技术进步是一种义务，它不要求人类在欲望的领域进行自我约束，而是为实现欲望提供手段，标榜"人类的福祉与进步"。于是渐渐地，如同叫醒睡懒觉的孩子那样，一直沉睡在我们心里的（不必要的）欲望就在不知不觉中被点燃了。家用电器年年更新换代，但不知怎样才能跟上时代潮流，这如同设置了一个可以远程控制人类欲望的定时炸弹按钮，这就是技术悖论的象征。

"人类是一种有限的存在，什么才是应当超越的，必须对此进一步明确化。""告诉我们欲望是有界限的，所以应当采用什么、应当创造什么……这恐怕是战后日本社会的本质性问题。"（村上阳一郎，《从科学史的角度看基督教》，创文社，2003年，pp. 145, 147）

诚如以上所言。但这不是日本独有的问题。经济高速发展使得拜金主义蔓延的邻国，现在正在转变为一个前所未有的道德感缺失的大众社会。那么斯多亚派的思想如果能超越存在于历史上的奇特悖论的范畴，成为活在当代的思想，它的出路在哪里呢？我认为这条线索在《沉思录》中已经存在。

> 要始终这样想：宇宙乃是一个有生命的存在，只有一个实体，也只有一个灵魂，一切事物都要归结到那个唯一的知觉，受那个唯一的冲动支配，现存的万事万物的综合正是那将来一切的源头，其中错综复杂的各种联系正如纵横交错的网。
> 
> ——《沉思录》，4-40

这一主题在《沉思录》的其他章节中也有反映(《沉思录》,6-38、7-9)。阿多认为这种洞悉需要个人在实际生活体验中寻找,而非雷南那样将其作为科学理性的理论基础,下面是表现这种关系的两节诗:

All things

Near and far

Are inked to each other

In a hidden way

By an immortal power

So that you cannot pick a flower

Without disturbing a star

(Francis Thompson, *The Mistress of Vision*, 1966)

世上一切,
或近或远,
都彼此相连。
以隐秘的方式,
以不朽的力量。
因此你不可能折下一枝花,
而没有遮掩一颗星的光华。

(拙译)

To see a World in a Grain of Sand

And a Heaven in a Wild Flower

Hold Infinity in the palm of your hand

And Eternity in an hour

(William Blake, "Auguries of Innocence",
*Complete Writings*, 1966, p. 431)

在一颗沙粒中看到一个世界

在一朵野花中看到一座天堂

用手掌承托无限

从瞬间抵达永远

（拙译）

威廉·布莱克的这首诗是他的代表作，被刻在他在圣保罗大教堂地下的墓碑上。在早期斯多亚派的思想中也蕴含着类似的感受。据说克利希波斯在自然学讲义中谈道："没有什么能够阻挡一滴酒和海水的混合，混合后的这一滴中就包含着整个宇宙。"［普鲁塔克，《论共通观念》，1078E，引自户塚七郎译《道德论集》（第13册），1997年］虽然普鲁塔克将其作为非理性的批判对象，但是我们应该如何在更广泛的意义上对斯多亚派的感受产生理解和共鸣，或者说，并非只把自己看作"完整的个体"，而把自己看作大宇宙这个整体中的一个"局部"——即如何通过一些具体的方法对这种感受产生更直观的理解，是我们应该继续思考的问题。

# 后 记

"书籍的诞生"系列全套共30册,其中马可·奥勒留的《沉思录》是作为西方古代斯多亚主义的代表作入选的。或者说,编辑与出版社的意图应该是希望通过《沉思录》让大家了解斯多亚派的哲学。

《沉思录》的文库版和丛书版已经重印多次,从这一事实可以看出,这本书在哲学书中算比较为人熟知的,在大众读者这一层面也存在很多忠实读者。原因之一可能是其内容的通俗性及平易的措辞,虽然它被研究者轻视,但也不得不说真正意义上的研究已经有些滞后了。20世纪80年代以来,斯多亚派在欧美的研究呈现欣欣向荣的复苏景象,但其焦点依然集中在对早期斯多亚派残章的重新阐释上,罗马时代的斯多亚派的研究价值开始受到重视是近20年来才有的事情。在我国亦是如此,除了田中美知太郎在二战期间的论述以及水地宗明做了详尽注释的译本以外,几乎看不到日语的研究文献,并且在日本哲学会、日本伦理学会、日本西洋古典学会等全国规模的学会里,也很少看到相关主题的论文发表。本书能够有机会对研究方向上的偏离进行少许纠正,为古典哲学的理解提供更丰富的角度，是很幸运的。

读过本书的读者就会发现，本书并未遵循解释斯多亚派哲学的通常套路，即将其看成语言、自然、伦理等特定范畴的理论总和；或者论述其发展和影响史，而是从斯多亚派的生存规则如何指导实践、把他们开出的药方看作一种"神操"来读《沉思录》，然后再考察其成书史与影响史的。但是这种思路并非笔者独创。本书中反复提到的 R. B. 拉瑟福德的《马可·奥勒留〈沉思录〉研究》（1989 年）、阿多的《内在的堡垒》（1992 年，英译本 1998 年）、安东尼·朗的《爱比克泰德——斯多亚派与苏格拉底的生存哲学》（2002 年）这三部研究著作都更胜一筹。特别是阿多的著作，如果没有该书也就没有本书的构想。遗憾的是目前笔者与作者缘悭一面，只好将本书命名为异曲同工的《精神的堡垒》（出自《沉思录》，8-48），以表谢意。

本书是对书籍进行解说的书，但在写作期间笔者经常想到的是"哲学与生存"的关系，以及"阅读与写作"所具有的存在主义意义这两个问题。

时代发展到今天，人类已经从古登堡以来的印刷文化迅速挺进高速大容量传输网络与电子文本为媒介的前所未有的信息化时代。笔者隐隐感到，在期待开拓新兴文化可能性的同时，也会产生一些无法重拾旧日之物的失落感。用手捧着书慢慢地阅读、用自己的手书写，这种人性的、过于人性的体验究竟会走向何方呢？

这个疑问中，虽然有着哲学青年写文章时的诚惶诚恐，但也不过是一种老生常谈。如同很多专家感叹批评的那样，人文学科的学问在现在的大学知识体系中正在逐渐被边缘化。但是在文学和哲学（的研究者）方面，究竟有多少开拓荒野、展示时代精神面貌的气概和力量呢？如今，学者们在各种专业领域中发展自己的研究，演讲和论文的数量都大幅增加，英语对话水平也显著提高，在国际学会崭露头角的年轻学者也不少。虽然这种"刻苦学习"的精神也令人感动，但是能够让人从心底感到共鸣、唤起兴奋点的研究（遗憾且理所当然地）极其稀少。我们已经被某种惰性绑架，在向着哲学这条未知终点的无路之路前进时，是否还记得出发时的初衷？对于古代斯多亚派的发掘，是围绕哲学的初衷发问，也可以说是掀开地狱的油锅的盖子。

先师井上忠即将从东京大学退休时，曾独自以"语言结构分析"为武器，单枪匹马踏入位于个体性之先的"唯一回性"这一尚未有人涉足的领域。这是宿命的也是自由的选择，是自年轻时起就从未改变的探索目标，这种胆识是柏拉图或亚里士多德式的。虽然尚未言及斯多亚派，但是笔者经由查士丁接触到古代、中世纪哲学的种种情况，经历了一些坎坷曲折走到现在，虽远不能与先师相提并论，但也感到自己已经来到与先师相同的问题面前。

当笔者受到邀请写这本书之后，数年间得到许多机会反复阅读《沉思录》。除了供职的上智大学，笔者还在东京女子大学、早稻田大学大学院、东京大学教养学部、京都大学（集中讲义）等学校开课。笔者为低年级学生开设概论课，还有细致的原文精读，以及上课人数较少的大学院课程等。甚至也有退休人士来听课,因此在男女老少共聚一堂的课堂上,时常能够听到他们接触《沉思录》后真实的读后感,那些共鸣、反对、感动和怀疑的情绪会带给人新鲜的冲击,因此在本书写作期间,笔者总能受到巨大鼓舞从而不断写下去。在表面浮华但内在基底充满闭塞感的当今社会,斯多亚派哲学具有怎样的精神力量呢?——通过这本书,笔者且将从欧美研究著作那里学到的大量知识,以及在与各位学生的讨论中得到的一点小小的发现分享给读者。

本书与拙作《帝国与智者》中的"马可·奥勒留"一节[《帝国与智者》,"哲学的历史"丛书(第2辑·古代),内山胜利主编,荻野弘之等著,中央公论新社,2007年,pp. 438-466]有重复的部分,本书对另一本中一些有误的记述进行了修正。《沉思录》的研究尚待扬帆,本书应该依然存在不少谬误。望读者不吝赐教。因为"真理不会伤害任何人,除了那些执迷不悟、知错不改的人"(《沉思录》,6-21)。

最后,对给予笔者写作机会、让笔者与罗马皇帝结缘的编者之一内山胜利先生(京都大学名誉教授)表示感谢。在收集材料和执笔过程中,笔者还得到了兼利琢也(早稻田大学讲师)、南川高志(京都大学教授)、今井正浩(弘前大学教授)、中岛隆博(东京大学副教授)、安东尼·朗(加州大学伯克利分校教授)等老师的宝贵意见。本书成稿后笔者离开日本,拜访了 R. B. 拉瑟福德教授,就本书中的几个疑点与其讨论,并游览了许多罗马帝政时代的历史遗迹,在查阅意大利语文献时,笔者得到了劳拉·玛丽亚·卡思黛乐(Laura Maria Castelli,比萨高等师范学校)的帮助。

在书稿编辑阶段，笔者即将赴英，日程紧张，幸得"书籍的诞生"系列编辑部的杉田守康、山本贤、奈良林爱等诸位先生的大力帮助。特别是杉田与山本两位先生，曾两度来到笔者的课堂，与各位学生一同感受书籍诞生前的胎动。

荻野弘之

2009 年 3 月 17 日（奥勒留帝的祭日）

客居英国牛津大学 Oriel 学者公寓

# 参考文献

## 一、阅读《沉思录》

### A. 日译本

现在可以找到的《沉思录》日译本有三种:

**《自省录》,神谷美慧子译,"岩波文库",岩波书店,1956 年,2007 年。**

最为普及、文笔练达的译本。本书引文即以神谷译本为准,进行了适度的修改。最初版本附有《十支派的祈愿牌》[1],是作为"哲学丛书"中的一册(第 35 册)出版的(创元社,1949 年)。难译点多参考海恩斯的英译本以及 A.I. Trannoy 的法译本。兼利琢也根据最新研究修订了此译注,新版字号也有所扩大。

另有以"信"为原则,由专业研究者译出的版本两种,分别以译文和解说见长。读者可以根据自己喜欢的风格进行选择。

**《自省录》,铃木照雄译,"讲谈社学术文库",讲谈社,2006 年。**

这一版本由铃木译《世界人生论全集》(第 2 册,筑摩书房,1963 年)和《西塞罗、爱比克泰德、马可·奥勒留》["世界的名著"(第 13 册),中央公论社,1968 年]再版而来。

---

[1] 失踪的以色列十支派是指古代以色列人十二支派(或称氏族)中失去踪迹的十支。

《沉思录》，水地宗明译，"西洋古典"，京都大学学术出版会，1998年。

正确把握了斯多亚派专用术语译法的译文，注释丰富，标注了详细的分节序号。

此外较早的日译本有以下几种：

《不动心》，草柳大藏译，三笠书房，1985年。

这个版本的翻译并不严密，可能是从英译本转译而来，是一本以自我发展为目的的启蒙类书籍，但在考察《沉思录》的大众阅读史、接受史时是一份有趣的材料。

《瞑想录》（从英译本转译），村山勇三译，文艺春秋社，1927年。

《瞑想录》，小林一郎译，年代不详。（三谷隆正曾提到过这个版本，但笔者未见到）

《瞑想录》，高桥五郎译，玄黄社，1912年。（笔者未见过）

## B. 原典

C. R. Haines ed., *Marcus Aurelius*, Loeb Classical Library 58, Harvard University Press, 1916, revised 1930.

想要阅读希腊语原文的读者最常用的版本，价格适中且容易买到。译注和索引简单明了，但与希腊语原文对译的英文较为古老，不易懂。

J. H. Leopold ed., *M. Antoninus Imperator Ad se ipsum*, Oxford, 1908.

牛津古典丛书中较早的评述版。

Pierre Hadot ed., *Marc Aurèle, Écrits Pour lui-même*. Tome Ⅰ: *Introduction générale*, livre I, Les Belles Lettres, Paris, 1998.

Oeuvres Completes 旧版（A. I. Trannoy ed., *Marc Aurèle, Pensées*, Préface d'Aime Puech, 1925）的更新版本，旨在对原文进行重新修订和更新法语译文。对第1

卷有详细的解说,对成书史进行了精细的说明。续篇完成后有望代替法夸尔森(Arthur Spenser Loat Farquharson)标准版本的地位。

Joachim Dalfen ed., *Marci Aurelii Antonini Ad se ipsum libri XII*, Bibliotheca Teubneriana, Leipzig, 1979.

"Teubner"丛书旧版(H. Schenkl ed., Leipzig, 1913)的更新版本,对于手抄本传承有详细的综述(拉丁文),卷末的用语索引非常有用。

## C. 注释书

Arthur Spenser Loat Farquharson, *The Meditations of the Emperor Marcus Antoninus*, edited with Translation and Commentary, 2 vols, Oxford, 1944, revised 1968.

校订缜密,有原文与英文的对译、逐词注释的大开本两卷,对专业研究者来说不可或缺,但现已绝版。日本的大学图书馆中藏量也较少,有待加印。卷末的索引虽然非常全面详尽,但行数标记是以本书自身为基准的,并未标记标准的卷节号,因此查阅有些不便。"Everyman's Library"和"Oxford World's Classics(Introduction by R. B. Rutherford, 1989)"等丛书只收录了英译本,容易入手。

Thomas Gataker ed., Marci Antonini Imperatoris, *De rebus suis, sive de eis quae ad se pertinere censebat*, libri XII, Cambridge, 1652, 2nd ed., London, 1697.

17世纪发行的大型本,希腊语原文与拉丁文的对译。对原文进行了绵密的考证,在脚注中标出了引用出处,是史上最早的真正意义上的注释书,成为后来研究的基础文献。

水地宗明,《注释马可·奥勒留〈自省录〉》,法律文化社,1990年。

以盖特克、法夸尔森等欧美学者的研究为基础的逐词注释版,唯一一部真正意义上的日语研究文献。需要进行逐词对比阅读或把握原文细致的语气语义时非常有参考价值。译文使用"西洋古典"丛书的译本,已修订。

## D. 其他各国语言译本

近代以来《沉思录》出版了英、法、德、意等多语种译本,其中,George Long, *The Thoughts of the Emperor Marcus Aurelius Antoninus*, London, 1862 即为俗称的"钦定本",英语国家中通行的古典译本。电子版文本可以从网上下载。( http://classics.mit.edu/Antoninus/meditations.html )

关于《沉思录》英译本的历史,"洛布古典"丛书版的编辑海恩斯曾做过简短介绍,见 *Marcus Aurelius*, Loeb Classical Library 58, Introduction, pp. xvi–xx。

G. M. A. Grube ( trans. ), *Meditations*, Hackett, Indianapolis, 1963.

Robin Hard ( trans. ), *Meditations* ( Introduction by Ch. Gill ), Wordsworth Classics of World Literature, 1997.

Martin Hammond ( trans. ), *Marcus Aurelius Meditations* ( Introduction by Diskin Clay ), Penguin Classics, 2006.

英译本种类很多,比较标准的新版英译,只有安东尼·朗教授推荐的以上三种。

Marc-Aurèle, *Pensées pour moi-même*, Traduit du grec par Frederique Vervliet, Suivi de "Sur Marc Aurèle" par Ernest Renan, Arléa, Paris, 1992.

注释非常简单,卷末附有雷南(Renan)的解说。可以看出,雷南在法国至今仍有很大的影响力。

Marc-Aurèle, *Pensées pour moi-même, suivies* du Manuel d'Epictète, Traduciton, préface et notes par Mario Meunier, GF, Flammarion, Paris, 1992.

Flammarion 出版社的古典丛书将《提要》与《沉思录》合在一本书中。序言中梳理了孟德斯鸠(Montesquieu)和依波利特·丹纳(Hippolyte Taine)

与斯多亚派哲学的关系，具有典型的法国哲学视角。

Marc Aurèle, *Soliloques*, Traduction et notes par Léon-Louis Grateloup, Classiques de Poche, Paris, 1998.

《沉思录》的全文译本，同时收录了同时代（查士丁与坡旅甲[1]等）殉教者传等揭示斯多亚派哲学与基督教关系的文献。

Marc Aurèle, *Pensées Livres II à IV*, Traduit par Emile Bréhier, Dossier et notes réalisés par Pierre Dulau, Lecture d'image par Christine Cadot, 2008.

译文为第2卷至第4卷的摘录，注释以长篇读者问答的形式构成，附有解说，编排很有趣。法语译文占绝大部分篇幅，也有不少充满个性的文章。

意大利语译文译者众多，现在在书店中可以找到将近10种译本，下面只介绍两种，一种是较为普及的版本，另一种是较新的希腊语对译版。

Marco Aurelio, *I ricordi,* trduzione di Francesco Cazzamini-Mussi, A cura di Carlo Carena, Einaudi, Torino, 1943.

Marco Aurelio, *Pensieri*, Testo Greco a fronte, a cura di Cesare Cassanmagnago, Bompiani, Milano, 2008.

Maco Aurelio, *A se stesso*, Testo Greco a fronte, curato da E.V. Maltese, Garzanti Libri, Milano, 1993, 4 ed., 2006.

上面列举的是笔者了解的一些译本，而非全部。除英、德、法、意文外，《沉思录》也有西班牙语等语言的译本，但此次时间有限，未及充分调查。

---

[1] 坡旅甲（约公元69—155年），公元2世纪时士每拿（今土耳其境内伊兹密尔）主教，是教会历史中最先详细记录的殉道者，86岁时殉道。

## E. 罗马时代的哲学思想史

安东尼·朗,《希腊化时代的哲学——斯多亚派、伊壁鸠鲁派、怀疑主义派》,金山弥平译,京都大学学术出版会,2003 年。

日语读物中最标准的希腊化时代哲学史。虽未涉及罗马时代,但作为其前史叙述内容真实可信。

内山胜利主编,《帝国与智者》,"哲学的历史"丛书(第 2 辑·古代),中央公论新社,2007 年。

几位学者合作书写的哲学史,涉及芝诺与初期斯多亚派(神崎繁)、西塞罗(濑口昌久)、塞涅卡(土屋睦广)、爱比克泰德(国方荣二)、马可·奥勒留(荻野弘之)等人,并有一些相关的简评。

Eduard Zeller, *Die Philosophie der Griechen ihrer geschichtlichen Entwicklung*, Dritter Teil, erste Abteilung, 5 Auflage, Leipzig, 1925,7 univeränderte Auflage, Darmstadt, 2007.

可称为"哲学史金字塔"的全面古代哲学史。但是其史观、对斯多亚派的评价以及对史料的批判需要进行大幅修正。

J. M. Rist, *Stoic Philosophy*, Cambridge, 1969.

关于斯多亚派哲学的个人论文集。涉及马可之处较多,但以当下的观点看有不少地方需要修正。

Mark Morford, *The Roman Philosophers: From the Time of Cato the Censor to the Death of Marcus Aurelius*, Routledge, London, 2002.

自希腊哲学向罗马转换以来的罗马哲学通史。

Brad Inwood ed., *The Cambridge Companion to the Stoics*, Cambridge, 2003.

按照斯多亚派哲学的主题进行逐一讲解的入门书,同时也包含丰富的学界最新见解。与本书相关的书中,Christopher Gill, *The School in the Roman Imperial Period*, pp. 33–58 非常值得参考。

Thomas Roussot, *Marc-Aurèle et L'empire Romain*, L'Harmattan, Paris, 2005.

与马可和斯多亚派哲学相关的法语摘要书。

Augusto Fraschetti, *Marco Aurelio, La miseria della filosofia*, Editori Laterza, Roma-Bari, 2008.

涉及马可与基督教的关系以及同时代政治思想等问题的视野宽广的最新研究。著者在本书出版前去世。

## F. 马可·奥勒留的传记与史书

Anthony R. Birley, *Marcus Aurelius: A Biography*, Routledge, London, 1966, revised 1987.

以严密考证为基础的最新的系统性传记。本书涉及事件的年代、人物的年龄时，都以该书为依据，该书收录的照片、地图、年谱、家谱都非常重要。

Jorg Fundling, *Marc Aurel, Gestalten der antike*, Wissenschaftliche Buchgesellschaft, Darmstadt, 2008.

"古代人物"丛书中的一卷。在本书即将完稿时购得，还未及仔细翻阅，应当对安东尼·R.伯利以来的研究有补充。

尤利乌斯·卡庇托利努斯，《哲学家马可·奥勒留的生涯》，《罗马帝王纪》（第1卷），D. Magie ed., *The Scriptores Historiae Augustae*, Loeb Classical Library, 1921. 日译本为南川高志译，"西洋古典"，京都大学学术出版会，2004年。

《罗马帝王纪》中的一卷，在马可传记中是最为重要的罗马时代史料，也包括很多传闻逸事。

卡西乌斯·狄奥，《罗马史》，69–79（E. Cary ed., *Dio's Roman History*, vol. 8–9, Loeb Classical Library, vol. 176–177, 1925, 1927）。

这同样也是同时代的重要史料。

C. R. Haines ed., *The Correspondence of Marcus Cornelius Fronto with*

*Marcus Aurelius Antoniunus, Lucius Verus*, antoninus Pius, and various friends, Loeb Classical Library, 1920.

与老师弗朗特之间的信函（新发现）全收录，为拉丁语与英语对译。

Amy Richlin, *Marcus Aurelius in Love: The Letters of Marcus and Fronto*, translated with an Introduction and Commentary, The University of Chicago Press, 2006.

将马可与老师弗朗特的书信（摘要）作为传记以及古代友情论的一例进行分析。英译版附有详细的注释。

爱德华·吉本,《罗马帝国衰亡史》(第1部)，村山勇三译，"岩波文库"，岩波书店，1951年。

公元2世纪以后的罗马帝国通史，至今仍被奉为经典。自马可的治世开始展开叙述。日译版还有其他数种。

南川高志,《罗马五贤帝》,"讲谈社现代新书"，讲谈社，1998年。

描述罗马全盛期隐秘的权力斗争，以政治史为中心，插图丰富，同时也穿插了一些逸闻的历史书。

泽井丰,《马可·奥勒留小传》，笙气出版，1956年。

笔者未见过此书。

Frank McLynn, *Marcus Aurelius: Worrior, Philosopher, Emperor*, Bodley Head, London, 2009.

同时研究拿破仑与詹姆斯二世的作者，以广泛的史料为基础，参考最新的研究资料，写成的富于趣味性的新传记。超过600页的大部头。

## G. 描述马可及其时代的文学作品

尤瑟纳尔,《回忆哈德良帝》，多田智满子译，白水社，2001年。

散发着马可以前的帝政时代的文化气息，以第一人称视角描述的皇帝的

"声音肖像"。

盐野七生,《终点的起点》,"罗马人的故事"(第11册),新潮社,2002年;"新潮文库"(第29—30卷),2007年再版。

历史文学类有名的畅销书。在马可传的部分,采用皇后艳闻以及马可指定继承人失察的说法,战争史部分叙述精彩详尽,但很多史学家认为个别叙述和史观存在问题。

浅野忠夫,《虚假的王座》。

据鹿野治助所见为描写马可的长篇小说,笔者未见过。

# 二、《沉思录》各章参考文献(追加)

## 第一部　书籍的旅行——成书之谜

### 第1章　有生命力的斯多亚主义

Anthony Long, *Stoic Studies*, Cambridge, 1996.

美铃书房编辑部编,《神谷美惠子的世界》,美铃书房,2004年。

神谷美惠子,《生平》,《著作集》(第9卷),美铃书房,1980年(2005年再版的《神谷美惠子集》中《生平》为第4卷)。书中记录了作为《沉思录》的译者,她是如何接触到这本书的,其叙述和照片都引人入胜。

荻野弘之,《有生命力的斯多亚主义》,《"西洋古典"月报》(60),京都大学学术出版会,2006年。

William B. Irvine, *A Guide to the Good Life: The Ancient Art of Stoic Joy*, Oxford, 2009.

对于所有人都会面临的人生难题，引用斯多亚派的著作进行解答，探讨如何把握人生方向，短小精悍之作。

## 第2章 马可·奥勒留的一生与其时代

Leonard Alston, *Stoic and Christian in the Second Century: A Comparison of the Ethical Teaching of Marcus Aurelius with that of Contemporary and Antecedent Christianity*, Longmans, Green and Co., London, 1906.

涉及与马可同时代，即公元2世纪的斯多亚派哲学与基督教的关系。

尤西比奥斯，《教会史》，秦刚平译，山本书店，1988年。

## 第3章 爱比克泰德的思想：罗马时代的斯多亚哲学

爱比克泰德，《人生谈义》（全二册），鹿野治助译，"岩波文库"，岩波书店，1958年。

收录了《语录》《提要》《残章》的全译本。本书中有关爱比克泰德的引用即以鹿野译本为基准，进行了适当改动。

《西塞罗、爱比克泰德、马可·奥勒留》，"世界的名著"（第13册），鹿野治助编，中央公论社，1968年。

《语录》《提要》的摘录。但两本书长期断货，有待重印。

W. A. Oldfather ed., *Epictetus: The Discourses, Fragments, Encheiridion*, 2 vols, Loeb Classical Library, Harvard University Press, 1925, 1928.

如果想要阅读爱比克泰德的希腊语原文，这是最易得且价格便宜的版本。

Gerard J. Boter ed., *Epictetus, Encheiridion*, Bibiotheca Teubneriana, Berlin, 2007.

阅读《提要》时必读的权威版。新版在详尽的文献分析基础上，还有介绍与手抄本传承相关的序言、提示了不同读法的脚注、完善的用语索引等优点。

Rainer Nickel ed., *Epiktet, Encheirdion（handbuch der Moral）*, Griechisch-Deutsch, herausgegeben und übersetzt, Artemis & Winkler, 2006.

希腊语、德语对译的古典丛书"Sammlung Tusculum"中的一卷，注释简洁，未标注不同读法。

Keith Seddon, *Epictetus' Handbook and the Tablet of Cebes: Guide to Stoic Living*, Routledge, London, 2005.

《语录》第1卷的英译本，有详细的注释和与传记相关的序言。

A. Bonhöffer, *The Ethics of the Stoic Epictetus*, An English translation by W. O. Stephens, New York, 1996.

原书为 *Die Ethik des stoikers Epiktet*, Stuttgart, 1894，但最近英文版较为普及。有的评论认为该书从基督教的视角强行理解原意，但依然是爱比克泰德研究的经典。

Anthony Long, *Epictetus: A Stoic and Socratic Guide to Life*, Oxford, 2002.

以《语录》为中心，吸收了最新研究成果的可信度高的导论。书中尤其强调第欧根尼和苏格拉底对爱比克泰德的影响。

Theodore Scaltsas & Andrew S. Mason eds., *The Philosophy of Epictetus*, Oxford, 2007.

斯多亚伦理学国际学会（塞浦路斯，2001年）论文集。

从多个侧面对爱比克泰德哲学展开论述，代表了最新的研究成果。

国方荣二，《爱比克泰德》，内山胜利主编，《帝国与智者》，"哲学的历史"丛书（第2辑·古代），中央公论新社，2007年。

此书总结了近年研究动向的日语文献。

鹿野治助，《爱比克泰德：斯多亚派哲学入门》，"岩波新书"，岩波书店,1977年。

爱氏日文译者所写的日语界少见的入门书,但是叙述稍显晦涩。

#### 第4章 斯多亚派的影响及接受史:赞赏、共鸣、批判

《与德·萨西氏的对话》,《帕斯卡》,前田阳一译,"世界的名著"(第24册),中央公论社,1966年。

卡尔·希尔蒂,《幸福论》(第1部),草间平作译,"岩波文库",岩波书店,1961年。

三谷隆正,《幸福论》,近藤书店1944年首版,"岩波文库"1992年再版。

山本光雄,《希腊罗马哲学家物语》,"讲谈社学术文库",讲谈社,2003年。

今村仁司编译,《现代语译,清泽满之语录》,"岩波现代文库",岩波书店,2001年。

今村仁司,《清泽满之与哲学》,岩波书店,2004年。

清泽满之,《当用日记抄》《腊扇记》,《清泽满之全集》(第8卷),岩波书店,2003年。

清泽满之,《清泽文集》,"岩波文库",岩波书店,1928年。

托马斯·沃尔夫,《一个完整的人》(上、下),古贺林幸译,"春秋文库",文艺春秋社,2000年。

#### 第5章 关于《沉思录》(一):成书之谜、抄本传承与翻译的历史

L. D. Reynolds & N. G. Wilson, *Scribes and Scholars: A Guide to the Transmission of Greek and Latin Literature*, Oxford University Press, 2013 (first edition 1968).

展示了古典文献学的分析实例。

## 第6章　关于《沉思录》（二）：为谁而作？为何而作？

Pierre Hadot, *Introduction aux "Pensées" de Marc Aurèle: La Citadelle intérieure*, Fayard, 1992.

原书为法文，但英文版更为普及：*The Inner Citadel: The Meditations of Marcus Aurelius*, Translated by Michael Chase, Harvard University Press, 1998. 论述了《沉思录》的结构及影响，展示了最新的古代哲学史的研究方向。

Brian Stock, *After Augustine: The Meditative Reader and the Text*, University of Pennsylvania Press, 2001.

论述了自古代末期至中世纪初期的"圣经朗读会"（lectio divina）的形成过程。

## 第7章　皇帝的圣像，我们看到的马可·奥勒留像

U. Hommes, *Marc Aurel, Der Reiter auf dem Kapitol*, München, 1999.

关于马可皇帝骑马像的实证研究。收录多幅照片。

# 第二部　畅游于作品的世界——自我对话的文本空间

## 第1章　《沉思录》的文体及其思想：自我对话的文本空间

山本光雄、户塚七郎编译，《后期希腊哲学家资料集》，岩波书店，1985年。

芝诺、克利希波斯等，《早期斯多亚派残章集》（全5卷），中川纯男、水落健治、山口义久译，京都大学学术出版会，2000—2006年。

荻野弘之，《古代希腊》，收录于关根清三编，《生死观与生命伦理》，东京大学出版会，1999年。

荻野弘之,《欲望至上主义与禁欲伦理》,收录于关根清三编,《性与婚姻》,"讲座·现代基督教伦理"(第2册),日本基督教团出版局,1999年。

荻野弘之,《希腊化时代哲学与诺斯替主义》,收录于大贯隆他编,《诺斯替主义:黑暗的精神史》,岩波书店,2001年。

Matthew Arnold, *Essays in Criticism, 1865*, AMS Press, 1970.

## 第2章 苦恼的灵魂与灵魂的救赎:《沉思录》的宗教性

E. Renan, *Marc Aurèle et la fin du monde antique*, 1882, repr. Livre de Poche, Paris, 1984.

M. Beard, J. North & S. Price, *Religions of Rome*, 2 vols, Cambridge, 1998.

Keith Hopkins, *A World Full of Gods: The Strange Triumph of Christianity*, 2000.

## 第3章 哲学理念:观照与实践,规则的变奏

田中美知太郎,《马可·奥勒留》,《日意文化研究》,1944年,后收录于《田中美知太郎全集》(第7卷),筑摩书房,1988年。

写作于二战期间的先驱性日语文献。围绕"哲人王"的理念比较马可·奥勒留与柏拉图的差异。

《思想》,第971号,《特集·斯多亚派哲学及其遗产》,岩波书店,2005年3月号。

包含最新研究的日语论文集,也有翻译与书评。

第4章　精神的培育：想象力的绽放与书写的意义

Pierre Hadot, *Exercises Spirituels et Philosophie Antique*, Etudes Augustiniennes, Paris, 1981.

E. R. 多兹，《不安时代中的异教与基督教——马可·奥勒留帝至君士坦丁大帝时代的种种宗教体验》，井谷嘉男译，日本基督教团出版局，1981年。

米歇尔·福柯，《自我技术》，大西雅一郎译，《性·真理》，《福柯集》（第5卷），"筑摩学艺文库"，筑摩书房，2006年。

米歇尔·福柯，《主体解释学：在法兰西公学院的讲义，1981—1982年度》，广濑浩司、原和之译，筑摩书房，2004年。

井上忠，《命运与自由》，《叫作命运的舞蹈》，"哲学的雕像"（第4册），法藏馆，1986年。

伊格纳西奥·罗耀拉，《神操》，门胁佳吉译，"岩波文库"，岩波书店，1995年。

近代早期、西班牙神秘主义领域流行的作为传统修道理念的系统化实践"神操"（exercitia spiritualia）的一个典型例子。


第5章　如何阅读充满谜团的第1卷：美德的博物馆、回想录与自传

R. B. Rutherford, *The Meditations of Marcus Aurelius: A Study*, Oxford, 1989.

从文艺批评的角度看，《沉思录》的文体和行文风格都存在新的关注点。本书将重点放在第1卷的读解中，包含重要批评观点的最新力作。

斐罗斯屈拉特，《哲学家列传》，户塚七郎、金子佳司译，"西洋古典"，京都大学学术出版会，2001年。

与马可同时代二十几位学者和辩论家的传记。记述了马可皇帝的老师希罗多德、亚历山大、赫谟根尼、阿里斯蒂德斯、哈德利阿诺斯与其进行交流的事情。

## 结语 未来的《沉思录》

M. 麦克卢汉（M. McLuhan），《古登堡的银河系——活字世界的形成》（*The Gutenberg Galaxy : The Making of Typographic Man*, 1962），森常治译，美铃书房，1986年。

罗杰·沙蒂耶（Roger Chartier）、伽利尔摩·卡瓦洛（Guglielmo Cavallo），《阅读的历史——欧洲读书史》（*Histoire de la lecture dans le monde occidental*, 1995），田村毅等译，大修馆书店，2000年。

Marcel van Ackeren ed., *A Companion to Marcus Aurelius*, Wiley-Blackwell, 2012.

Chritopher Gill, *Marcus Aurelius, Meditations Book 1-6*, Oxford, 2012.

William B. Irvine, *A Guide to the Good Life: The Ancient Art of Stoic Joy*, Oxford, 2009.

# 附录：马可·奥勒留相关事件年谱

（根据Birley, pp. 14, 44–45）

121年： 4月26日，马可出生（罗马），当时其祖父韦鲁斯第二次担任执政官，兼任首都长官。
122年： 其妹科尼菲其亚出生。
124年： 其父逝世（当时任法务官）。
126年： 祖父第三次担任执政官。
127年： 马可被授予骑士头衔（6岁）。
128年： 进入战神马鲁斯的祭典团（7岁），开始接受初等教育。
132年： 开始对哲学产生兴趣（11岁）。
133年： 开始接受中等教育。
136年： 3月17日成人仪式（14岁）。
在八月节期间被委任为首都长官（名誉职务）。
15岁生日后，在哈德良帝的指示下与卢齐乌斯·康茂德（时任执政官）的女儿凯欧尼亚·法比亚订婚。结识斯多亚派的阿波罗尼奥斯。

卢齐乌斯·康茂德成为哈德良的养子，改名为卢齐乌斯·埃利乌斯·恺撒。

马可的妹妹科尼菲其亚与表兄奥米蒂乌斯·库阿多拉托斯结婚。

138年： 1月1日，卢齐乌斯·埃利乌斯·恺撒猝死。

2月25日，安东尼努斯·庇护成为哈德良的养子，同时安东尼努斯·庇护也将马可（16岁）与卢齐乌斯·埃利乌斯·恺撒的遗孤卢齐乌斯·康茂德（与其父同名，成为执政官后改名为卢齐乌斯·韦鲁斯）收为养子。安东尼努斯·庇护的女儿福斯丁娜与卢齐乌斯·康茂德订婚。

马可移居至哈德良邸，并任会计检察官（至139年）。

安东尼努斯·庇护任执政官（至139年）。

7月10日，哈德良殁。安东尼努斯·庇护即位。根据安东尼努斯·庇护的意愿，马可与凯欧尼亚·法比亚的婚约取消，卢齐乌斯·康茂德与福斯丁娜的婚约取消。

通过将哈德良帝神格化的决议。

139年： 马可在担任会计检察官的第二年继任执政官（17岁）。被授予"恺撒"称号，移居至巴拉丁的皇宫，开始接受高等教育。与科尼利乌斯·弗朗特交好。

140年： 与安东尼努斯·庇护共任执政官（首次），出席议会（18岁）。

143年： 马可的老师希罗多德·阿提库斯、弗朗特履任执政官。

145年： 与安东尼努斯·庇护二度共任执政官（24岁），同年春与福斯丁娜正式结婚。

146—147年： 在此期间对哲学产生浓厚兴趣。

147年： 11月30日,长女多米蒂娜·福斯丁娜出生。

12月1日,被授予护民官特权,妻子福斯丁娜被授予"皇后"(奥古斯塔)头衔。

148年： 举行罗马建国900周年庆典。

149年： 生下双生男婴,年内夭亡。

150年： 3月7日,次女卢西娜出生。

152年： 妹妹科尼菲其亚去世。

153年： 卢齐乌斯·康茂德任会计检察官。

154年： 卢齐乌斯·康茂德任执政官。

155年： 弗朗特的养子、马可的朋友维克多里努斯成为执政官。

151—160年： 生下多个孩子。

161年： 3月7日,安东尼努斯·庇护殁,马可即位(39岁),与卢齐乌斯共任执政官。

8月31日,双胞胎男婴诞生(安东尼乌斯与康茂德)。

162年： 卢齐乌斯·韦鲁斯被派往东方。

马可之子安尼乌斯·韦鲁斯出生。

东方发生军事危机。

首都遭受洪灾和饥荒。

163年： 罗马帝国在对亚美尼亚战争中获胜。

164年： 马可次女卢西娜在以弗所与卢齐乌斯·韦鲁斯结婚。

165—166年： 马可之子安东尼乌斯殁。罗马帝国在帕提亚战争中获胜。

166年： 卢齐乌斯·韦鲁斯归来。10月,在首都举行凯旋仪式。

167年： 罗马流行疫病（可能为鼠疫）。

  北方发生军事危机。

168年： 冬天，马可与卢齐乌斯·韦鲁斯赴北方前线，驻扎在阿奎莱亚。

169年： 1月，卢齐乌斯·韦鲁斯因急症死亡（39岁）。

  马可（47岁）返回罗马。

  卢西娜与蓬皮安努斯再婚。

  安尼乌斯·韦鲁斯殁（7岁）。

约170年： 小女儿萨比娜出生。

170—171年： 罗马军队败北，希腊与意大利被蛮族入侵掠夺。

172年： 击退蛮族，罗马军攻势逆转。马可在卡农图姆布阵。

173年： 再度于卡农图姆布阵。

174年： 于锡尔米乌姆布阵，皇后福斯丁娜与萨比娜赴前线慰问。

175年： 在东方卡西乌斯举兵谋反，罗马与萨尔马特族达成停战协定，马可将康茂德（马可之子）由罗马召唤至前线。

  在前往东方的旅途中，皇后福斯丁娜殁（45岁）。

176年： 秋，马可在康茂德伴随下返回罗马。

  12月23日，举行凯旋仪式。

177年： 1月1日，康茂德（15岁）成为共治帝。

178年： 康茂德（16岁）与克丽斯庇娜结婚。

  8月3日，马可与康茂德共赴北方前线。

179年： 击败北方各族。

180年： 3月17日，马可病逝于锡尔米乌姆近郊（58岁）。

录》,3–22;《提要》,47)。作家卢西亚诺也认为他们"阴沉不知羞耻,自以为是赫拉克勒斯那样的英勇之士,无论何时都相信自己是有绝对自由的愚蠢之人",是诸学派中最没有价值的。

但是在斯多亚派内部,创始人芝诺和苏格拉底的传记依然被认为表现了真实的哲学家的典范形象进而受到尊重。柏拉图的对话集作为关于苏格拉底的回忆的史料受到重视,作品中不仅表达了对苏格拉底言行的赞赏,也将其树立为理想的哲学家形象。伊壁鸠鲁和毕达哥拉斯也因作为其学派的开创者而受到崇拜,同时也作为优秀的教师而受到尊重。佩尔西乌斯曾接受斯多亚派哲学家科努特斯的教导,并专门写诗献给老师,塞涅卡也在自己的著作中提到老师法比亚诺、塞克斯提乌斯、索提翁、阿塔罗斯的事迹(《道德书简》,100、108)。

> 伊壁鸠鲁派的作品中有这么一条箴言:要经常怀想古代的有德之士,引以为鉴。
>
> ——《沉思录》,11–26

古代作家都认识到了这种方法所具有的教育意义。从"想想身边人的好品德"(《沉思录》,6–48),"作为安东尼的弟子应当怎样作为"(《沉思录》,6–30)等用以自诫的格言看,马可和塞涅卡都位于一条线上。《沉思录》第 1 卷,是将展现前人的德行的罗马文学传统与归纳伦理规范的哲学方法相结合的结果。

## 马可的"告白"？

通常认为《沉思录》第 1 卷是马可的"自传"，因此多将其与奥古斯丁的《忏悔录》相比较，虽然两者在时代和文化背景上有些许差异。写作内容基本都是回顾自己的一生以及与周围人的精神交流，感谢神给予的恩惠，从这一点说，两者有相似之处。并且从结构上看，奥古斯丁的《忏悔录》中自传的部分也占据了相当篇幅（第 1—9 卷），在对后续篇章的解释中，尤为重视的是与《创世记》的阐释相关的部分（第 11—13 卷）。

但是两者在其他方面有很大差异。奥古斯丁是在回到了故乡非洲，成为希波的司教不久后开始写作《忏悔录》的，据推测这时他 45 岁左右，用了 3 到 4 年完成了写作。这部回忆录只记述了他在皈依基督教之前的半生事迹，自始至终都从神如何救赎一个叫奥古斯丁的人这一视角展开叙述。或者说，他的前半生不过是一出戏，这出戏的真正主角是神（或者说是神的话语）。这本书的特点是，奥古斯丁在记述了人类（母亲莫妮卡和老师安布罗西乌斯等人）的德行的同时，也对自己的优柔和迷失、逃避等缺点和罪恶进行了自觉而深刻的挖掘。通过对这些阴郁内容的强调达到了反衬效果，以突出神的恩宠的强烈光辉。

马可的著作中则没有这么强烈的反差感。只是当他自己清醒地意识到死亡正在日益迫近时，尝试开拓斯多亚派悖论学说的应用领域，让它不仅是公式化的理论，且能够成为通过理性直观地把握世界、"以永恒的理性观察世界"的教育理念。事实上《沉